Elogios a *Herança Emocional*

"Lindo, artístico e elegante. A Dra. Atlas habilmente utiliza histórias da sua prática para explorar a arqueologia do trauma transgeracional. As descrições do processo terapêutico são intrigantes; acabamos conhecendo tanto os pacientes como a terapeuta. Ao fazer isso, não podemos deixar de refletir sobre nossa própria jornada. *Herança Emocional* é perfeito para todos, mas é uma leitura essencial para aqueles que desejam entender o trauma, a terapia e o processo de cura."

— Bruce D. Perry, coautor (com Oprah Winfrey) de
O Que É Que Lhe Aconteceu?

"A Dra. Atlas escreve com profunda e real compaixão para aqueles que carregam, em seus corpos, mentes, corações, espíritos e almas, grande parte dos traumas — em geral, tácitos e secretos — dos seus parentes mais velhos e feridos. Como uma criança norte-americana da primeira geração, que cresceu na minha família complicada de refugiados de guerra deportados — imigrantes etnicamente perseguidos, que lutavam para sobreviver —, afirmo humildemente que estou bastante familiarizada com traumas geracionais. Reconheço que a Dra. Atlas é alguém que escreve com autoridade, tendo um conhecimento detalhado do que chamo no meu trabalho de 'ferida geracional'."

— Dra. Clarissa Pinkola Estés Reyés, autora de
Mulheres que Correm com os Lobos

"Com elegância, Galit Atlas explica os aspectos perturbadores e gratificantes de nossas heranças emocionais. Ela explica habilmente por que podemos lidar — e sim, também acabar — com as feridas e a estagnação que nos afligem. Isso é psicanálise contemporânea no seu mais alto nível. E boas histórias também."

— Susie Orbach, autora de *Gordura É uma Questão Feminista*

"Galit Atlas nos presenteou ao escrever *Herança Emocional*. Com afeto e compaixão, ela mostra ao leitor como nossos desafios atuais podem estar ligados ao nosso passado herdado. A partir de suas próprias experiências, e de histórias de pacientes, somos levados em uma jornada de descoberta. Ao compartilhar essas histórias, ela nos deixa espiar nossos próprios bastidores e nos ajuda a entender que, se estivermos abertos à possibilidade da esperança, o presente pode ser o momento certo para quebrar o silêncio que os nossos antepassados mantiveram por tanto tempo."

— Sharon Salzberg, autora de *A Real Felicidade*

"*Herança Emocional* de Galit Atlas é perspicaz, perceptivo e provocativo — mas, ao mesmo tempo, afetuoso, emocionante e pessoal. Psicólogos talentosos nem sempre são escritores talentosos, mas a Dra. Atlas é. E suas histórias deixarão uma marca no leitor. O mundo da epigenética está apenas começando para a maioria de nós, mas a Dra. utiliza termos comuns para explicar como nascemos com legados psicológicos dos quais não podemos escapar, mas que, com sua ajuda, podemos entender."

— Juliet Rosenfeld, autora de *The State of Disbelief* [O Estado de Descrença, em tradução livre]

"Este livro está cheio de grande sabedoria, perícia e humanidade. Uma leitura importante, sensacional e empolgante."

— Dra. Anne Alvarez, autora de *Companhia Viva*

"*Herança Emocional* oferece uma perspectiva extraordinária aos leitores que se sentem presos a padrões antigos e percebem que são assombrados pelos fantasmas do passado da sua família. A Dra. Atlas compartilha habilmente sua própria história e a dos seus pacientes, além de incluir, ao mesmo tempo e com precisão, as pesquisas psicológicas relevantes. É uma leitura viciante e que oferece uma profunda visão psicológica sobre o trauma herdado e os segredos de família. Este livro sem dúvidas mudará vidas e ajudará os leitores a atingir todo o seu potencial."

— Christie Tate, autora de *Group* [Grupo, em tradução livre]

"Galit Atlas adota a afirmação de Tolstoy — 'Famílias felizes são todas iguais; cada família infeliz é infeliz à sua própria maneira' — ao narrar como os traumas são mantidos em cada família de forma singular. Atlas conta as complexas histórias dos seus pacientes, à medida que os traumas deles reverberam com sua própria história de trauma e perda. A intimidade das histórias capta o reconhecimento e a recomposição que ela empreende em seus pacientes. Juntos, eles exumam os segredos e os fantasmas que levam e enterram o trauma, trazendo o leitor até o presente pelo passado, para adentrar no potencial que é o futuro. Esse potencial não é um vale simples e ensolarado. Só com muita reflexão é que as famílias infelizes podem se tornar felizes. Mas, como Atlas demonstra por meio de sua elegante generosidade, expor nossos segredos e fantasmas possibilita o surgimento de novas histórias, mais vida e a libertação chamada felicidade."

— Ken Corbett, autor de *A Murder Over a Girl* [Assassinato por Causa de uma Garota, em tradução livre]

"*Herança Emocional*, um livro verdadeiramente sábio e ousado, é um relato muito atraente de como a transmissão inconsciente do trauma de uma geração à outra é revelada na psicoterapia. Com seu dom especial para narrativa evocativa, a Dra. Atlas faz com que estejamos presentes como testemunhas de poderosas histórias de sofrimento mantidas em segredo; de crianças que levam tal sofrimento consigo, sabendo, sem saber, o que torna suas vidas sombrias. Lançando luz sobre o significado de tais histórias com esplêndidas perspectivas, este livro satisfará profundamente qualquer pessoa que já se perguntou o que a psicanálise pode oferecer ao mundo atual."

— Dra. Jessica Benjamin, autora de *The Bonds of Love* [Laços de Amor, em tradução livre]

"*Herança Emocional*, uma poderosa, lúcida e profundamente empática exploração do legado do trauma geracional, deixa claro que Galit Atlas não é apenas uma psicanalista talentosa, mas uma ótima escritora também. Eu amei este livro. Ele mexeu comigo."

— Dani Shapiro, autora de *Inheritance* [Herança, em tradução livre]

"Um livro esclarecedor. As histórias que a Dra. Atlas compartilha revelam o poder das nossas feridas herdadas, mostrando como as experiências dos nossos ancestrais moldam nossas vidas de forma silenciosa, porém profunda, e como todos nós podemos nos curar."

— Lori Gottlieb, autora de *Talvez Você Deva Conversar com Alguém*

"Uma exploração íntima, complexa e compassiva do trauma intergeracional, como ele é carregado e transmitido nas famílias e como ele pode ser habilmente convidado, reconhecido, atenuado e, talvez, solucionado por meio da relação terapêutica, metabolizando o que, até o momento, não havia sido rotulado ou não era possível rotular."

— Jon Kabat-Zinn, autor de *The Healing Power of Mindfulness* [O Poder Curativo da Atenção Plena, em tradução livre]

Herança Emocional

TAMBÉM POR GALIT ATLAS

The Enigma of Desire:
Sex, Longing, and Belonging in Psychoanalysis
[O Enigma do Desejo:
Sexo, Anseio e Pertencimento na Psicanálise,
em tradução livre aqui e nos próximos títulos]

Dramatic Dialogue: Contemporary Clinical Practice
[Diálogo Dramático: Prática Clínica Contemporânea]

When Minds Meet: The Work of Lewis Aron (editado)
[Quando Mentes se Encontram: O Trabalho de Lewis Aron]

Herança Emocional

UMA TERAPEUTA,
SEUS PACIENTES E O
LEGADO DO TRAUMA

Dra. Galit Atlas

ALTA BOOKS
GRUPO EDITORIAL
Rio de Janeiro, 2022

Herança Emocional

Copyright © 2022 da Starlin Alta Editora e Consultoria Eireli.
ISBN: 978-85-5081-744-6

Translated from original Emotional Inheritance. Copyright © 2022 by Galit Atlas. ISBN 978-0-316-49212-6. This translation is published and sold by permission of Hachette Book Group, Inc, the owner of all rights to publish and sell the same. PORTUGUESE language edition published by Starlin Alta Editora e Consultoria Eireli, Copyright © 2022 by Starlin Alta Editora e Consultoria Eireli.

Impresso no Brasil — 1ª Edição, 2022 — Edição revisada conforme o Acordo Ortográfico da Língua Portuguesa de 2009.

Todos os direitos estão reservados e protegidos por Lei. Nenhuma parte deste livro, sem autorização prévia por escrito da editora, poderá ser reproduzida ou transmitida. A violação dos Direitos Autorais é crime estabelecido na Lei nº 9.610/98 e com punição de acordo com o artigo 184 do Código Penal.

A editora não se responsabiliza pelo conteúdo da obra, formulada exclusivamente pelo(s) autor(es).

Marcas Registradas: Todos os termos mencionados e reconhecidos como Marca Registrada e/ou Comercial são de responsabilidade de seus proprietários. A editora informa não estar associada a nenhum produto e/ou fornecedor apresentado no livro.

Erratas e arquivos de apoio: No site da editora relatamos, com a devida correção, qualquer erro encontrado em nossos livros, bem como disponibilizamos arquivos de apoio se aplicáveis à obra em questão.

Acesse o site www.altabooks.com.br e procure pelo título do livro desejado para ter acesso às erratas, aos arquivos de apoio e/ou a outros conteúdos aplicáveis à obra.

Suporte Técnico: A obra é comercializada na forma em que está, sem direito a suporte técnico ou orientação pessoal/exclusiva ao leitor.

A editora não se responsabiliza pela manutenção, atualização e idioma dos sites referidos pelos autores nesta obra.

Atuaram na edição desta obra:

Produção Editorial
Editora Alta Books

Diretor Editorial
Anderson Vieira
anderson.vieira@altabooks.com.br

Editor
José Ruggeri
j.ruggeri@altabooks.com.br

Gerência Comercial
Claudio Lima
claudio@altabooks.com.br

Gerência Marketing
Andrea Guatiello
andrea@altabooks.com.br

Coordenação Comercial
Thiago Biaggi

Coordenação de Eventos
Viviane Paiva
comercial@altabooks.com.br

Coordenação ADM/Finc.
Solange Souza

Direitos Autorais
Raquel Porto
rights@altabooks.com.br

Assistente Editorial
Gabriela Paiva

Produtores Editoriais
Illysabelle Trajano
Maria de Lourdes Borges
Paulo Gomes
Thales Silva
Thiê Alves

Equipe Comercial
Adriana Baricelli
Ana Carolina Marinho
Daiana Costa
Fillipe Amorim
Heber Garcia
Kaique Luiz
Maira Conceição

Equipe Editorial
Beatriz de Assis
Betânia Santos
Brenda Rodrigues
Caroline David
Henrique Waldez
Kelry Oliveira
Marcelli Ferreira
Mariana Portugal
Matheus Mello

Marketing Editorial
Jessica Nogueira
Livia Carvalho
Marcelo Santos
Pedro Guimarães
Thiago Brito

Revisão Gramatical
Fernanda Lufti
Raquel Escobar

Diagramação
Lucia Quaresma

Tradução
Renan Amorim

Copidesque
Alberto Gassul

Editora afiliada à: ASSOCIADO

Rua Viúva Cláudio, 291 — Bairro Industrial do Jacaré
CEP: 20.970-031 — Rio de Janeiro (RJ)
Tels.: (21) 3278-8069 / 3278-8419
www.altabooks.com.br — altabooks@altabooks.com.br
Ouvidoria: ouvidoria@altabooks.com.br

*Este livro é dedicado
à memória de Lewis Aron.*

Naqueles dias não se dirá mais:
"Os pais comeram uvas verdes, e os dentes dos filhos se mancharam."

— Jeremias 31:29

AGRADECIMENTOS

Este livro é dedicado à memória de Lewis Aron, cujo amor leal, sabedoria incrível e apoio constante sempre estiveram comigo.

Agradeço imensamente aos meus pacientes, aqueles sobre quem escrevi e também aqueles cujas histórias carrego no meu coração. Obrigada por me ensinarem tanto sobre a mente humana e sobre mim mesma. Os pacientes cujas histórias estão neste livro me ajudaram a alterar os detalhes e a ocultar suas identidades. Obrigada por me convidarem a fazer parte de suas jornadas, por confiarem em mim para escrever suas histórias e por ler esses capítulos com tanta atenção e generosidade.

Tenho o privilégio de fazer parte da incrível comunidade do Programa de Pós-doutorado em Psicoterapia e Psicanálise da Universidade de Nova York. Sinto-me especialmente grata pelos meus queridos colegas, alunos e amigos que leram e fizeram comentários sobre as primeiras versões destes capítulos: Dra. Jessica Benjamin, Dra. Carina Grossmark,

Dr. Jonathon Slavin, Karen Tocatly, Dra. Velleda Ceccoli, Nina Smilow, Dra. Yael Kapeliuk, Colette Linnihan, Dra. Noga Ariel-Galor, Dra. Lauren Levine, Kristin Long, Avital Woods, Dra. Merav Roth, Dr. Robert Grossmark, Dra. Yifat Eitan-Persico, Ivri Lider, Orly Vilnai, Anat Binur, Limor Laniado-Tiroche, Jamie Ryerson e Amy Gross. Agradeço ao Dr. Roberto Colangeli por compartilhar comigo seu trabalho sobre epigenética e psicanálise; à Dra. Judith Alpert por sua ajuda no capítulo sobre abuso sexual; à Dra. Beatrice Beebe por sua inspiração e edição no capítulo sobre bebês. Ezra Miller, obrigada por sua útil orientação sobre gênero binário.

Um agradecimento especial à Dra. Melanie Suchet por seu amor e apoio generosos e constantes.

Dr. Steve Kuchuck, agradeço por sua inestimável contribuição para este livro e por anos de amizade e colaboração criativa. Eu não poderia ter feito nada sem seu talento, inteligência e lealdade.

Há cerca de dez anos, desejando realizar uma investigação sobre os "fantasmas" psicanalíticos, juntei-me a um grupo de psicanalistas em Nova York que estava analisando as muitas formas por meio das quais esses fantasmas surgem nas nossas práticas. Eu gostaria de agradecer a Adriene Harris e ao grupo: Margery Kalb, Susan Klebanoff, Heather Ferguson, Michael Feldman e Arthur Fox.

AGRADECIMENTOS

Muito obrigada a Emma Sweeney, que segurou minha mão e acreditou neste livro antes mesmo de ele existir. Obrigada pelos seus sábios conselhos e cuidado atencioso. Gostaria de agradecer também a Margaret Sutherland Brown, da Folio. Um agradecimento especial à minha fabulosa agente Gail Ross.

Sou muito grata a Sally Arteseros por seu olhar incrivelmente perspicaz e sua dedicação inabalável. Tenho muita sorte de você ter feito parte desta criação.

Sinto-me muito afortunada de ter Tracy Behar como minha editora. Obrigada por seu trabalho brilhante e por ter acreditado neste livro e em mim. Obrigada por sua leitura cuidadosa, sua profunda atenção, sua orientação ponderada e sua habilidade única de atuar não apenas nas palavras expressas nas páginas, mas também naquelas que precisavam estar lá.

Ao extraordinário grupo da Little, Brown Spark: Ian Straus, Betsy Uhrig, Laura Mamelok, Lucy Kim, Jessica Chun, Juliana Horbachevsky e Lauren Ortiz. A Sally-Anne McCartin da McCartin Daniels PR.

A Bob Miller, que é minha rocha e meu santuário. Obrigada por ter se juntado a mim nessa constante busca por verdades emocionais, por sempre estar ao meu lado para me amparar, por ler cada palavra que escrevo com sua curiosidade e inteligência surpreendente. Obrigada por compartilhar sua mente e alma brilhantes comigo e por me amar assim.

À minha família, que amo imensamente: meus pais, Shoshi e Yaakov Atlas, que me ensinaram tudo que sei sobre amor e dedicação. À minha irmã, Keren Atlas-Dror, que foi minha primeira testemunha e apoiadora de verdade. A Ashi Atlas, Anat Rose-Atlas, Tamir Koch, Mika e Itamar Dror. Aos meus queridos enteados, Benjamin, Raphi e Kirya Ades-Aron, por terem estado comigo durante tanta coisa e pela família que somos uns aos outros para sempre.

Acima de tudo, quero agradecer aos meus filhos, Emma, Yali e Mia Koch. Vocês me inspiram, me surpreendem, me emocionam e me ensinam alguma coisa nova todos os dias. Obrigada por serem as pessoas que são e por formarem a melhor família com a qual alguém poderia sonhar.

Sumário

Um Rastro na Mente   1

PARTE I

NOSSOS AVÓS

TRAUMA HERDADO EM GERAÇÕES PASSADAS   15

    1. Vida e Morte em Casos de Amor   17

    2. Confusão de Línguas   43

    3. Sexo, Suicídio e o Enigma do Luto   71

    4. A Radioatividade do Trauma   87

PARTE II

NOSSOS PAIS

OS SEGREDOS DE OUTROS   109

    5. Quando os Segredos se Tornam Fantasmas   111

    6. Bebês Indesejados   119

    7. Permissão para Chorar   145

    8. Irmão Morto, Irmã Morta   173

PARTE III
NÓS MESMOS
QUEBRANDO O CICLO   *183*

   9.   O Sabor do Sofrimento   185
  10.   O Ciclo da Violência   203
  11.   A Vida Não Examinada   227

Uma Porta se Abre   *259*

Índice   *265*

UM RASTRO NA MENTE

Toda família carrega algum histórico de trauma. Todo trauma é mantido em uma família de maneira única e deixa suas marcas emocionais naqueles que ainda não nasceram.

Na última década, a psicanálise contemporânea e a pesquisa empírica expandiram a literatura sobre epigenética e trauma herdado, investigando como o trauma é transmitido de uma geração à outra e mantido em nossas mentes e corpos como se fosse nosso. Ao estudar a transmissão intergeracional do trauma, os clínicos investigam como o trauma dos nossos antepassados é transmitido como uma herança emocional, deixando um rastro em nossas mentes e na mente dos nossos familiares de futuras gerações.

Herança Emocional fala sobre experiências silenciadas que pertencem não apenas a nós, mas também aos nossos pais, avós e bisavós, e sobre como elas afetam as nossas vidas. Em geral, são esses segredos que nos impedem de atingir o nosso mais pleno potencial. Eles afetam nossa saúde mental e física, criam lacunas entre o que queremos para nós mesmos e o que podemos ter, e nos assombram como fantasmas. Este livro apresenta os laços que conectam o passado, o presente e o futuro, questionando: como podemos seguir em frente?

Desde a tenra idade, meus irmãos e eu aprendemos a identificar sobre quais assuntos era ou não aceitável conversar. Nunca perguntamos nada sobre a morte. Tentávamos não fazer menção ao sexo, e era melhor não ficarmos tristes, nervosos ou desapontados demais, e definitivamente não deveríamos falar muito alto. Meus pais não nos impunham o fardo da infelicidade e acreditavam no otimismo. Quando descreviam suas infâncias, eles as pintavam com lindas cores para ocultar o trauma, a pobreza e a dor do racismo e da imigração.

Meus pais eram apenas crianças quando suas famílias deixaram tudo para trás e emigraram para Israel, sendo meu pai do Irã e minha mãe da Síria. Ambos cresceram com seis irmãos em bairros pobres e lutaram não apenas contra a pobreza, mas também com o preconceito por serem de um grupo étnico considerado inferior em Israel na década de 1950.

Eu sabia que meu pai teve duas irmãs que adoeceram e morreram enquanto ainda eram bebês, antes de ele nascer, e que ele mesmo, enquanto bebê, ficou muito doente e quase não sobreviveu. Seu pai, meu avô, que nasceu cego, precisava que meu pai fosse trabalhar com ele vendendo jornais na rua. Quando era criança, eu já sabia que meu pai nunca havia ido à escola e que havia trabalhado para ajudar sua família desde que tinha 7 anos de idade. Ele me ensinou a trabalhar duro, pois desejava para mim a educação que nunca pôde conseguir para si mesmo.

Como meu pai, minha mãe também lutou enquanto bebê contra uma doença que ameaçou sua vida. Aos 10 anos de idade, ela perdeu seu irmão mais velho, um trauma enorme para toda a família. Minha mãe não tinha muitas lembranças sobre sua infância. Assim, não sei muito sobre esse período da sua vida. Não sei se meus pais sabiam o quanto suas histórias eram parecidas, e como seu vínculo estava silenciosamente unido por doença, pobreza, perdas precoces e vergonha.

Como muitas outras, nossa família concordou implicitamente que o silêncio era a melhor maneira de apagar o que era desagradável. Naqueles dias, supunha-se que aquilo de que não nos lembramos não pode nos machucar. Porém, e se isso de fato for lembrado, apesar dos nossos melhores esforços?

Eu fui a primeira filha, e o passado traumático deles vivia em meu corpo.

Havia guerras onde cresci, e nós, as crianças, vivíamos com medo, não totalmente cientes de que estávamos sendo criados à sombra do Holocausto, e que a violência, a perda e o luto sem fim eram nosso patrimônio nacional.

A Guerra do Yom Kippur, até então a quinta guerra desde 1948, começou quando eu tinha apenas 2 anos de idade. Minha irmã nasceu no primeiro dia daquela guerra. Como todos os outros homens, meu pai foi chamado para servir no exército. Fui deixada com uma vizinha enquanto minha mãe foi sozinha ao hospital para dar à luz minha irmã. O ataque massivo a Israel pegou todo mundo de surpresa, e muitos soldados feridos foram enviados aos hospitais, os quais ficaram cheios demais para mulheres em parto. As mulheres foram transferidas dos leitos para os corredores.

Eu não me lembro muito dessa guerra, mas, como costuma acontecer com experiências da infância, tudo isso foi encarado como sendo bastante normal. Durante anos a fio, a escola realizou uma "simulação de guerra" mensal. Nós, as crianças, praticávamos o ato de caminhar silenciosamente até o abrigo, felizes com o fato de que, em vez de estarmos estudando, estávamos jogando jogos de tabuleiro no abrigo e fazendo piadas sobre o míssil que poderia nos atingir ou sobre os terroristas que poderiam vir com armas para nos tomar como reféns. Fomos ensinados que nada deveria ser difícil demais de lidar, que o perigo era uma parte normal da vida e que tudo que precisávamos era ser valentes e ter senso de humor.

Eu nunca senti medo na escola; era apenas à noite que eu temia que um terrorista escolhesse nossa casa dentre todas as casas do país, e então eu não seria capaz de salvar minha família. Eu ficava pensando sobre todos os bons lugares que as pessoas costumavam se esconder durante o Holocausto: o porão, o sótão, atrás da estante, no guarda-roupa... O segredo era nos certificarmos de ficarmos sempre em silêncio.

Mas eu não era muito boa em ficar quieta. Comecei a estudar música quando era adolescente, imaginando se tudo o que era necessário não seria fazer barulho e ser ouvida. Enquanto estava nos palcos, a música era mágica. Eu dava voz àquilo que, de outra forma, não podia dizer em voz alta. Era meu protesto contra o que não era dito.

Então, em 1982, a Guerra do Líbano começou, e eu tinha acabado de atingir uma idade suficiente para saber que alguma coisa horrível estava acontecendo. Cada vez mais nomes eram acrescentados à parede da escola que servia de memorial, dessa vez com jovens que conhecíamos. Os pais que perderam seus filhos vinham à escola para uma cerimônia de homenagem aos falecidos. Eu sentia orgulho de ser aquela que cantava para eles, olhando em seus olhos e tomando cuidado para não chorar, senão eu acabaria estragando a música e outra pessoa poderia acabar tomando meu lugar atrás do microfone. Concluíamos a cerimônia todos os anos com "Shir La Shalom" ("Uma Canção pela Paz"), uma das mais famosas canções israelenses. Cantávamos do fundo dos nossos corações pela paz. Queríamos ter um novo começo e libertar nosso futuro.

Eu cresci com a promessa dos nossos pais de que, quando seus filhos fizessem 18 anos e precisassem servir no exército, não haveria mais guerras. Até hoje, porém, isso não se tornou realidade. Eu servi no exército como música, orando pela paz, viajando de uma base militar à outra, cruzando fronteiras, cantando para os soldados. Eu era uma soldada de 19 anos quando a Guerra do Golfo começou.

Estávamos na estrada, e a música de rock and roll que tocávamos era tão alta que precisávamos ficar atentos para não deixar de ouvir as sirenes e correr para os abrigos a fim de colocar as máscaras de gás a tempo. A certa altura, decidimos que deixaríamos as máscaras e os abrigos de lado e correríamos para os telhados toda vez que uma sirene tocasse para ver os mísseis vindos do Iraque e tentar adivinhar onde cairiam. Após cada explosão tempestuosa, voltávamos à nossa música e tocávamos ainda mais alto.

Cantávamos para os soldados, que também eram nossos amigos de infância, vizinhos e irmãos. E quando seus olhos se enchiam de lágrimas, o que acontecia com frequência, eu sentia o poder de tocar outro coração com o meu, dando voz ao indizível. Nossa música expressava muito do que ninguém podia dizer em voz alta: que estávamos com medo, mas não tínhamos permissão de admitir isso nem sequer a nós mesmos, que ainda éramos muito jovens e queríamos ir para casa, nos apaixonar e viajar para longe. Que queríamos vidas normais, mas não sabíamos ao certo o que isso significava. Fazer música e cantar bem alto era significativo e libertador. Era o início da minha jornada em busca das verdades, a revelação da herança emocional dentro de mim.

Por fim, alguns anos depois, deixei meu país natal, me mudei para Nova York e comecei a estudar o indizível — todas essas memórias, sentimentos e desejos silenciosos dos quais não estamos cientes. Eu me tornei psicanalista, explorando o inconsciente.

A análise da mente, como uma história de mistério, é uma investigação. Sabemos que Sigmund Freud, o grande detetive da mente inconsciente, foi um grande fã de Sherlock Holmes e tinha uma grande coleção de histórias de detetive. De certo modo, Freud se baseou no método de Holmes: coletar evidências, procurando a verdade por trás da aparente verdade em busca de realidades ocultas.

Como detetives, meus pacientes e eu tentamos seguir os sinais e ouvir não apenas o que dizem, mas também suas pausas, a música do que desconhecemos. Esse é um trabalho delicado — coletar relatos da infância, do que foi dito ou feito, ouvir as omissões, as histórias não contadas. Ao procurar pistas e juntá-las para criar uma imagem, perguntamo-nos: o que realmente aconteceu e com quem?

Os segredos da mente incluem não apenas nossas próprias experiências de vida, mas também aquelas que levamos inconscientemente conosco: as memórias, os sentimentos e os traumas que herdamos das gerações passadas.

Os psicanalistas começaram a examinar o impacto do trauma sobre as gerações seguintes logo após a Segunda Guerra Mundial. Muitos desses analistas eram judeus que haviam fugido da Europa. Seus pacientes eram sobreviventes do Holocausto e os descendentes dos que sobreviveram a esse trauma, crianças que levavam o rastro inconsciente das dores dos seus ancestrais.

A partir da década de 1970, a neurociência validou as descobertas psicoanalíticas de que o trauma dos sobreviventes — inclusive seus segredos mais sombrios sobre os quais nunca falavam — exercia um efeito real sobre as vidas de seus filhos e netos. Esses estudos relativamente novos se concentravam na epigenética, as influências e as modificações não genéticas da expressão do gene. Eles analisam como os genes são alterados nos descendentes dos sobreviventes do trauma e estudam como o ambiente — em especial, o trauma — pode deixar uma marca química nos genes de uma pessoa, que é transmitida à próxima geração. Essa pesquisa empírica destaca o grande papel que os hormônios do estresse exercem em como o cérebro se desenvolve e, consequentemente, nos mecanismos biológicos pelos quais o trauma é transmitido de uma geração para a outra.

Uma grande pesquisa realizada na Faculdade de Medicina Ichan do Hospital Monte Sinai pela Dra. Rachel Yehuda, diretora de estudos de estresse traumático, e sua equipe revela que os descendentes dos sobreviventes do Holocausto têm níveis mais baixos de cortisol, um hormônio que ajuda o corpo a se recuperar após um trauma. Descobriu-se que os descendentes de pessoas que sobreviveram ao Holocausto possuem perfis de hormônios de estresse diferentes dos seus contemporâneos, o que talvez lhes cause uma predisposição a transtornos de ansiedade. A pesquisa indica que os descentes saudáveis de sobreviventes do Holocausto, bem como de pessoas que foram escravizadas, de veteranos de guerra e de pais que sofreram um grande trauma estão mais propensos a apresentar sintomas de TEPT após eventos traumáticos ou após testemunharem um incidente violento.

De um ponto de vista evolucionário, o objetivo desse tipo de alteração epigenética poderia ser preparar os filhos biologicamente para um ambiente similar ao de seus pais e ajudá-los a sobreviver. Na verdade, porém, isso os deixa mais vulneráveis a sintomas de traumas que eles não vivenciaram em primeira mão.

Essa pesquisa não é surpreendente para aqueles de nós que estudam a mente humana. No nosso trabalho clínico, vemos como as experiências traumáticas invadem a psique da geração seguinte e se manifestam de maneiras estranhas e, muitas vezes, surpreendentes. As pessoas que amamos e aquelas que nos criaram vivem dentro de nós; sentimos sua dor emocional, sonhamos com suas memórias, sabemos o que não nos foi dito de modo explícito, e essas coisas moldam nossas vidas de maneiras que nem sempre entendemos.

Nós herdamos traumas de família, inclusive aqueles dos quais nunca ouvimos falar. Ao trabalhar em Paris com sobreviventes do Holocausto e seus filhos, os psicanalistas húngaros Maria Torok e Nicolas Abraham usaram a palavra "fantasma" para descrever as muitas maneiras da segunda geração sentir a devastação e as perdas sofridas pelos pais, mesmo quando estes nunca falaram sobre elas. Seus sentimentos herdados do trauma não processado dos pais eram os fantasmas que viviam dentro deles, os fantasmas do que não foi dito e sobre o que não se falava. São essas experiências "fantasmagóricas" — não tão vivas, mas também não mortas — que herdamos. Elas invadem nossa realidade de formas visíveis e verdadeiras; elas nos espreitam, deixando rastros. Sabemos e sentimos coisas, mas nem sempre conseguimos identificar sua fonte.

Herança Emocional inclui as narrativas dos meus pacientes e minhas próprias histórias de amor e perda, de trauma pessoal e nacional, com uma lente psicanalítica e a mais recente pesquisa psicológica. Este livro descreve as muitas maneiras de localizarmos os fantasmas do passado que nos restringem e interferem em nossas vidas. Tudo o que não sabemos conscientemente é revivido. É mantido em nossas mentes e corpos e vem à tona por meio do que chamamos de sintomas: dores de cabeça, obsessões, fobias, insônia... podem todos ser sinais do que tentamos ocultar nas partes mais sombrias das nossas mentes.

Como herdamos, guardamos e processamos coisas das quais não nos lembramos ou não vivenciamos pessoalmente? Qual é o peso daquilo que está presente, mas não é totalmente conhecido? Podemos realmente ocultar segredos uns dos outros? O que transmitimos à próxima geração?

Essas e outras perguntas são exploradas nesta jornada para libertar partes de nós mesmos que foram mantidas em cativeiro pelos segredos do passado.

Este livro é um produto do divã, do diálogo íntimo entre meus pacientes e eu. Com a permissão deles, apresento aqui suas heranças emocionais, seus traumas inimagináveis e as verdades ocultas, incluindo os meus, conforme caminhamos para além do legado do trauma. Exploro sentimentos proibidos, memórias que nossas mentes procuram esquecer ou minimizar e partes da nossa história que nossa lealdade àqueles que amamos nem sempre nos permite conhecer ou lembrar de verdade. Cada história apresenta sua própria forma de examinar o passado, ao mesmo tempo em que olhamos para o futuro. Quando estivermos prontos para ver o que ganhamos de herança, poderemos confrontar os fantasmas que estão dentro de nós.

Neste livro, descrevo as muitas faces do trauma herdado, seu efeito e como seguir em frente. A Parte I se concentra na terceira geração de sobreviventes: como o trauma dos avós se manifesta na mente dos netos. Analiso os segredos do amor proibido, da infidelidade e sua relação com o trauma intergeracional. Investigo os fantasmas do abuso sexual, os efeitos do suicídio na geração seguinte e os vestígios da homofobia na mente inconsciente. Abordo a ideia da Professora Yolanda Gampel sobre a "radioatividade do trauma", que é a "radiação" emocional do desastre que se espalha nas vidas das gerações seguintes.

A Parte II se concentra nos segredos ocultos dos nossos pais. Ela explora as verdades não ditas de uma época anterior ao nosso nascimento ou da nossa infância. Essas verdades, embora não o saibamos conscientemente, moldam nossas vidas. Discuto como alguém pode ficar paralisado com a perda de um irmão, apresento a ideia de bebês "indesejados" e seu desejo de morte quando adultos, e analiso o trauma de um soldado e a vulnerabilidade masculina tal como revelados na relação terapêutica.

A Parte III procura revelar os segredos que ocultamos de nós mesmos, as realidades que são perigosas demais para conhecermos ou que não conseguimos processar totalmente. Essas são as histórias de maternidade, lealdades e mentiras, abuso físico, amizade e perda dolorosa, demonstrando o quão frequentemente de fato sabemos de algo, mesmo quando isso está guardado em algum lugar oculto das nossas mentes.

Guardamos segredos de nós mesmos para nos proteger, distorcendo a realidade e nos ajudando a manter informações desagradáveis longe da nossa consciência. Para isso, usamos nossos mecanismos de defesa: idealizamos aqueles sobre quem não queremos nos sentir ambivalentes, nos identificamos com o pai que nos abusou, dividimos o mundo entre bom e mau para enxergá-lo como algo seguro e previsível. Projetamos nos outros o que não queremos sentir ou o que nos deixa ansiosos demais em saber sobre nós mesmos.

É o mecanismo de defesa emocional da repressão que minimiza nossas memórias e remove todo significado delas. A repressão nos protege por afastar uma memória do seu significado emocional. Nesses casos, o trauma é mantido na mente como um evento que "não é grande coisa", "nada importante". Essa desconexão entre ideias e sentimentos permite que nos protejamos contra sentimentos muito devastadores, mas também mantém o trauma isolado e não processado.

Nossas defesas são importantes para a nossa saúde mental. Elas administram nossa dor emocional e moldam a percepção que temos de nós mesmos e do mundo à nossa volta. Suas funções protetoras, porém, também limitam nossa habilidade de examinarmos nossas vidas e vivê-las ao máximo. As experiências que foram dolorosas demais para entendermos e processarmos por completo são aquelas transmitidas à próxima geração. São os traumas indescritíveis e dolorosos demais para a mente digerir que se tornam nossa herança e afetam nossos descendentes — e os descendentes deles — de maneiras que não conseguimos entender ou controlar.

A maioria das histórias pessoais que conto aqui são relatos de traumas do passado enterrados que foram mantidos em silêncio entre pessoas, eventos da vida que não foram contados na íntegra, mas que, mesmo assim, são de conhecimento de outros de formas crípticas. São as histórias que nunca foram contadas, os sons que foram silenciados, que nos deixaram incompletos. Eu o convido a me acompanhar para quebrar esse silêncio, para rastrear e encontrar os fantasmas que limitam nossa liberdade, a herança emocional que nos impede de seguir nossos sonhos, de criar, amar e viver nossa vida ao máximo.

PARTE I

NOSSOS AVÓS

Trauma Herdado em Gerações Passadas

Todos nós temos nossos fantasmas. Mas, como os psicanalistas Maria Torok e Nicolas Braham escreveram, "o que nos assombra não são os mortos, mas as lacunas deixadas dentro de nós pelos segredos de outros". Eles estavam se referindo aos segredos intergeracionais e às experiências não processadas que costumam não ter uma voz ou uma imagem associada a eles, mas que, mesmo assim, espreitam em nossas mentes. Carregamos um material emocional que pertence aos nossos pais e avós, conservando perdas que eles nunca expressaram por completo. Sentimos esses traumas até quando não estamos conscientemente a par deles. Esses velhos segredos de família vivem dentro de nós.

Esta seção se concentra primariamente na terceira geração de sobreviventes. Ela foca o resultado do Holocausto, em que o trauma reprimido costuma se transformar em pavor não identificado e onde histórias não contadas são reencenadas vez após vez. Ela explora os efeitos da perda na infância sobre as gerações seguintes, analisa como o abuso sexual sofrido por avós pode afetar a vida dos seus netos e apresenta os segredos do amor proibido de um avô tal como eles surgem na mente de um neto. Quando somos colocados contra o cenário de vida ou morte, às vezes é o erotismo que oferece um escape, uma maneira de chegar até a terra dos vivos. As coisas que não temos permissão de saber nos assombram e continuam sendo um mistério, deixando-nos inconsoláveis.

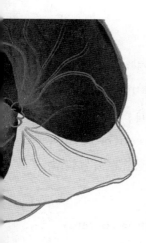

1

VIDA E MORTE
EM CASOS DE AMOR

Eve dirige uma hora, duas vezes por semana, para realizar sua sessão comigo. Ela diz que odeia dirigir e que gostaria que outra pessoa pudesse trazê-la, esperá-la do lado de fora do meu consultório e levá-la de volta para casa. Ela não precisa que essa pessoa a entretenha; eles nem sequer precisam conversar. Para ela, seria mais do que suficiente sentar-se do lado do motorista e ouvir a música de fundo.

Senti uma onda de tristeza ao ouvir Eve se descrevendo sentada ao lado do motorista. Imaginei a garotinha que ela era, tentando ser boazinha e quieta, sem interromper ninguém, sem se envolver em problemas, fingindo que não existe.

Eu lhe perguntei em uma das nossas primeiras sessões qual era a memória de infância mais antiga que ela tinha. Ela respondeu: "Eu tinha 5 anos. Estava esperando do lado de fora da escola para que minha mãe fosse me buscar, mas ela se esqueceu. Cheguei à conclusão de que tinha que ficar lá, sentada, esperando minha mãe se lembrar de mim. 'Tenha paciência', disse a mim mesma."

A primeira memória de infância que temos costuma conter os ingredientes principais da terapia futura. Ela costuma indicar por que o paciente está procurando terapia e reflete uma imagem do ponto de vista do paciente sobre ele mesmo. Todas as memórias escondem memórias reprimidas anteriores e subsequentes dentro delas.

A primeira memória de Eve me transmitiu a experiência de ser esquecida. Pouco a pouco, ficou claro que ela costumava ser deixada sozinha, sem supervisão paterna, e que ela cresceu, como a mais velha de quatro filhos, em uma família na qual havia muita negligência e apatia emocional.

Senti uma proximidade com Eve. Ela está na casa dos 40 anos de idade, tem cabelos castanhos que chegam até os ombros e olhos verdes que costumam estar escondidos por trás de óculos de sol grandes e escuros. Ela tirou seus óculos, entrou na sala e sentou-se rapidamente no divã. Cumprimentou-me com um sorriso tímido, o que me fez perceber uma covinha em sua bochecha direita. Ela tirou os sapatos de salto alto e ficou descalça, sentando-se com as pernas cruzadas no divã. Eve é linda, e, em alguns momentos, ao olhar para mim com os olhos de uma garotinha, ela parecia perdida.

Pergunto-me se a mãe de Eve acabou se lembrando de ir buscá-la e tento imaginar como Eve se sentiu ao esperar por ela, escondendo o medo de que sua mãe talvez nunca viesse.

Eu perguntei, mas Eve permaneceu em silêncio. Ela não se lembra. Nas nossas sessões, ela costuma se tornar dissociativa, olhando pela janela, como se ela estivesse e não estivesse comigo, simultaneamente. Algo a respeito dela é de tirar o fôlego, mas, às vezes, ela parece desinteressante.

Eve costuma permanecer distante; ela toma cuidado para não expressar emoções intensas e fica longos períodos em silêncio.

Olho para ela e me pergunto se eu também fui designada para ser sua motorista, uma adulta na sua vida, alguém que vai chegar na hora, assumir o controle e levá-la para onde ela precisa estar. Eu me sento silenciosamente, ciente de que pode levar um tempo para que ela olhe para mim ou diga alguma coisa.

"Estive com ele novamente ontem à noite", comentou ela, iniciando a sessão e se referindo a seu amante, Josh, com quem se encontra algumas vezes por semana.

Por volta da 20h, quando seus colegas saíram, ele abriu o Line, um aplicativo japonês que eles usam para enviar mensagens um ao outro, e pediu que ela fosse ao seu escritório. Eve me explicou que eles precisavam de uma maneira segura de se comunicar.

"Quando Josh sugeriu pela primeira que usássemos esse aplicativo, pensei que ele havia dito 'Lying' [Mentindo] em vez de 'Line' [Linha], e pensei comigo mesma: 'Que nome estranhamente inapropriado para um app.'" Ela riu e acrescentou sarcasticamente: "Acho que deveria haver uma rede para aqueles que traem, talvez uma sala de bate-papo na qual as pessoas compartilhassem informações e dessem conselhos umas às outras, como aqueles grupos para novas mães. Alguém deveria ter transformado isso em um negócio, não acha? Milhões de pessoas se sentem perdidas e confusas. Elas não sabem como sobreviver ao adultério." Ela sorria, mas parecia mais triste do que nunca.

Ela não olhava para mim. "Josh e eu nos tornamos membros do SoulCycle como um álibi para nos encontrarmos à noite. É uma boa desculpa para voltarmos suados para casa e ir direto para o chuveiro." Ela pausou e acrescentou: "Tirar o cheiro dele do meu corpo sempre me deixa triste. Eu preferiria ir dormir com esse cheiro."

Eve inspirou, como se estivesse tentando se acalmar, e acrescentou com um sorriso: "Josh acha que o SoulCycle poderia lucrar vendendo 'pacotes de álibi', nos quais as pessoas poderiam se tornar membros falsos a um preço mais em conta."

Eu sorri de volta, embora soubesse que nada disso tinha graça. Havia muita confusão, culpa e medo no seu jeito gracioso de me contar as coisas. De uma hora para a outra, ela se tornou realmente presente, e senti a intensidade da sua dor. Ela estava viva, acredito, e me perguntei em voz alta se ela queria falar mais sobre seu caso de amor.

Durante nossa primeira sessão, Eve me contou que era casada e que tinha dois filhos. Sua filha tinha acabado de fazer 12 anos e seu filho tinha 9. Ela também me disse que havia decidido começar a fazer terapia porque algo terrível havia acontecido, algo que a havia feito perceber que precisava de ajuda. Foi então que me contou sobre Josh.

Eve passa algumas noites por semana no escritório de Josh. Ele é uma criatura de hábitos e eles têm uma rotina: primeiro, fazem sexo, então, pedem comida e, quando acabam de comer, ele a leva para casa.

Ela me contou sobre suas relações sexuais, com hesitação de início, mas logo em detalhes.

"Com Josh, eu não tenho controle de nada", descreveu ela, me encarando para ver se eu entendia o que ela queria dizer. Ela me explicou que, em sua submissão a ele, ela se sente segura. Sente que ele sabe tudo sobre ela e sobre seu corpo, e que ela pode perder o controle sob seu domínio.

"Ele faz com que eu me sinta viva novamente, entende?" Ela não espera por uma resposta.

Desde o início, vida e morte foram forças poderosas na narrativa de Eve. Começamos explorando a relação entre sexo, morte e reparação, e as misteriosas conexões com a história de sua família. Descobri que sua mãe havia perdido a própria mãe para o câncer quando tinha 14 anos. Durante dois anos, a mãe de Eve cuidou de sua mãe moribunda, mas parte de si morreu junto com ela. Eve e eu percebemos aos poucos que, por meio de sua submissão sexual, ela entra em contato com a vontade de que alguém tome conta dela, de permanecer viva e de reparar um passado traumático.

Eve olhou para seu relógio e começou a calçar os sapatos novamente, preparando-se para o fim da sessão. Então, inclinou-se para trás e falou em voz baixa:

"Quando terminamos e Josh me leva para casa, fico emotiva. Amo fazer sexo com ele e amo quando ele me leva para casa."

Temos outro momento de silêncio, e então ela diz, quase em um sussurro: "Observo ele segurado o volante, com uma expressão séria no rosto, e acho que ele é o homem mais lindo que já conheci. Quero beijá-lo, mas sei que isso não é uma boa ideia; afinal, não estamos mais no escritório, e fazemos de conta que ele é meu chofer.

"Ele me deixa a algumas quadras do meu prédio e, quando me despeço dele, meu coração se parte um pouco. Eu não quero subir as escadas e voltar para a estrada da minha vida. Josh sabe exatamente como me sinto e, sem que eu precise falar alguma coisa, ele me diz: 'Não se esqueça do quanto eu te amo. Te vejo na quarta. Está logo ali; vai chegar mais rápido do que imagina.'

"Faço uma careta, e ele sabe que acho que vai demorar anos para chegar a próxima quarta-feira e que terei muitos sentimentos e pensamentos dos quais ele não fará parte até lá. Então, ele diz: 'Estou no nosso app. Estou aqui, mesmo que não esteja fisicamente contigo.'"

Ela colocou os óculos de sol. "É aí que costumo parar de sentir qualquer coisa e saio do carro." Percebi que ela precisou se desconectar para deixá-lo, e que ela fez o mesmo diante dos meus olhos ao me falar sobre isso. Eu a perco para um longo silêncio antes de sua partida.

Muitos dos meus pacientes se consultam comigo por causa dos meus escritos profissionais e de minhas aulas sobre a questão da sexualidade. Atendo homens e mulheres que se sentem destroçados pelas traições de seus parceiros, outros que tiveram ou estão tendo um caso e aqueles que são amantes de pessoas casadas. Suas histórias são diferentes e suas motivações são diversas, mas todos revelam que estão sentindo profunda agonia conforme lutam contra seus próprios segredos ou com os segredos das pessoas em suas vidas.

Embora esteja ciente do aspecto transacional de cada relacionamento, eu também acredito no amor. Acredito no poder da ligação entre duas pessoas, na lealdade como um dos fundamentos básicos da confiança e acho que forças destrutivas e criativas fazem parte de todo relacionamento. Amamos e, às vezes, também odiamos as pessoas que amamos; confiamos nelas, mas temos medo dos ferimentos que elas podem nos causar. Um dos objetivos associados com o crescimento é a habilidade de integrar sentimentos positivos e negativos: de odiar com amor, de amar mesmo reconhecendo momentos de desapontamento e de raiva. Quanto mais estamos cientes dos nossos desejos destrutivos e os controlamos, mais nos tornamos capazes de amar por completo.

A vida, até certo ponto, se resume à tensão entre o desejo de destruir — acabar com o amor, com a bondade e com a própria vida — e o Eros, que representa não apenas o sexo, mas também o desejo de sobreviver, criar, produzir e amar. Essa tensão existe em cada aspecto das nossas vidas, inclusive em nossos relacionamentos.

A percepção psicológica nos ajuda a identificar e a trazer tais impulsos e desejos até o campo da nossa consciência, e a questionar nossas escolhas e as escolhas das pessoas que vieram antes de nós. Quando o assunto é traição, esse trabalho passa a ter múltiplas camadas, e a distinção entre a destruição e a morte, e entre a sobrevivência e a vida não é sempre tão óbvia.

Um dos motivos significativos do porquê as pessoas fazem terapia é para procurar verdades desconhecidas sobre si mesmas. Essa investigação começa com um desejo de saber quem realmente somos e quem nossos pais foram, e isso sempre inclui o medo de saber. Por que Eve tem esse relacionamento com Josh? Por que agora? Qual parte disso tem a ver com a necessidade de sobreviver e voltar a viver, e qual parte está ligada à morte e à destruição? De que forma sua vida atual é um reflexo das vidas das mulheres que vieram antes dela e uma tentativa de curar não apenas a si mesma, mas também as feridas da sua mãe e a sua avó moribunda?

A infidelidade é destrutiva no sentido de que sempre causa danos a um relacionamento, mesmo quando o dano é invisível de início. Mas as pessoas têm casos não apenas porque querem destruir seus relacionamentos ou sair deles; paradoxalmente, a infidelidade é, às vezes, um esforço para permanecer em um casamento. A traição costuma ser uma maneira de equilibrar o poder no relacionamento ou de preencher necessidades que não são satisfeitas. Muitas vezes, embora a traição seja uma ação sexual e uma forma indireta de expressar sentimentos negativos, como hostilidade e raiva, também é uma maneira de proteger o casamento contra esses sentimentos ao mesmo tempo em que mantém o status quo do relacionamento.

Por meio do sexo, sentimentos que não são permitidos no relacionamento em si, em especial a agressão, encontram uma forma de ser expressados. Não é incomum que as pessoas descrevam o sexo fora do casamento como mais agressivo, e o sexo no casamento como mais gentil e "civilizado". Visto que os parceiros protegem inconscientemente um ao outro contra agressões, eles fazem com que o relacionamento se torne dormente. Onde não há espaço para agressão, costuma não haver espaço para o sexo também.

A mesma tensão dialética entre a vida e a morte existe no desejo sexual, especialmente em relacionamentos de longo prazo. Em seu livro *Can Love Last?* [O Amor Pode Durar?, em tradução livre], o psicanalista norte-americano Stephen A. Mitchell aborda esse choque entre a aventura e a segurança na vida sexual. Mitchell enfatiza que o romance, a vitalidade e a sexualidade são fatores que devem ser cultivados e apreciados e que fazem a vida valer a pena. Ele sugere que o romance tem muito a ver com a excitação existencial de estarmos vivos. Com o passar do tempo, o romance sexual se transforma em algo muito menos animador ou até desanimador, porque ele depende do perigo, do mistério, da aventura, e não da segurança e da familiaridade de um relacionamento em longo prazo.

"Podemos continuar desejando pessoas com quem nos sentimos seguros?", questiona Mitchell. Ele sugere que o segredo para o amor em longo prazo é o delicado equilíbrio entre a segurança e o perigo, o familiar e a novidade. A psicoterapeuta Esther Perel fala sobre o paradoxo do ambiente doméstico e do desejo sexual em seu livro inovador, *Sexo no Cativeiro*, e se esforça para ajudar casais a abrir um espaço lúdico para a aventura e, consequentemente, para a excitação sexual em seus relacionamentos. Perel se aprofunda nesses temas e em outros para examinar a complexidade da infidelidade.

A investigação psicanalítica é uma jornada complexa e cheia de nuances até o delicado coração de uma pessoa. O perigo e a segurança, a destruição e a construção, a vida e a morte, e os problemas de múltiplas gerações surgem, de diferentes modos, em cada uma dessas jornadas.

Durante nossa primeira sessão juntas, Eve nem sequer tirava seus óculos de sol. Ela se sentava no divã, cruzava as pernas e chorava.

"Estraguei a minha vida", dizia ela. "Não sei, mas talvez já a tenha destruído. Não sei o que fazer."

Ela me contou que seu marido era um bom homem e que ela tinha um casamento satisfatório.

"Eu realmente amo meu marido", contou ela. "Temos uma linda família, meus filhos são maravilhosos e são tudo com que sonhei. Eu tenho tudo que sempre desejei. Talvez só esteja sendo gananciosa demais." Então ela me falou sobre a noite que a fez perceber que havia perdido o controle da sua vida.

"Em geral, nos encontramos no seu escritório. Mas, naquele fim de semana, foi diferente, porque tanto sua esposa como meu marido estavam viajando, e achamos que seria uma boa oportunidade de passarmos a noite juntos. Nunca havíamos feito isso antes, e acho que nós dois estávamos animados, porém ansiosos."

Ela pediu que sua babá passasse a noite com as crianças, e Josh reservou um quarto de hotel que ficava na frente do seu escritório. Eve me disse que, se seu marido olhasse o app que indicava a localização um do outro, ele conseguiria encontrá-la com facilidade. Eles haviam instalado o aplicativo no início do ano para poder ficar de olho na filha, que havia acabado de fazer 12 anos e estava começando a ir a pé sozinha para a escola.

"Esse app havia se tornado um grande problema, pois eu sabia que minha família sempre podia ver onde eu estava. Sei que é difícil de acreditar nisso, mas eu realmente odeio mentir", afirmou ela, quase que se desculpando. "Eu preferiria não ter que dar explicação nenhuma do que ter que mentir. Decidi desligar meu telefone naquela noite, senão, teria que mentir sobre onde estava." Ela suspirou. "Ah, meu Deus. Que bagunça."

Eve pausou, com lágrimas nos olhos.

"Minha noite com Josh foi ainda melhor do que eu esperava. É difícil colocar em palavras como me senti, porque não sabia que um sentimento como esse existia. Finalmente estávamos em um lugar tranquilo, só nós dois, e tínhamos o que parecia ser um tempo infinito. Parecia que éramos um casal de verdade, totalmente devotados um ao outro, totalmente nos corpos e mentes um do outro. Fizemos sexo por horas e eu ficava sussurrando no ouvido de Josh: 'Eu te amo. Você me faz muito feliz.'

"'Eu sei, querida. Também estou feliz', respondeu ele.

"'Você acha que podemos transformar este lugar no nosso lar?', perguntei, referindo-me ao pequeno quarto de hotel que parecia tão perfeito naquele momento." Eve ergueu a cabeça e me encarou: "Ao te contar isso agora, percebo que projetei todos os meus desejos naquele estúpido quarto de hotel. Eu me senti uma idiota. Quando estávamos deitados e apoiei minha cabeça no ombro dele, não pensei em nada. Nada mais existia no momento. Eu me sentia realmente feliz."

Eve pausou por um momento. Ela parou de me encarar e continuou. "Estar nos braços de Josh é diferente. Tem algo a ver com seu toque. É como se ele fosse forte e gentil ao mesmo tempo, e acho que me perco por completo quando estou com ele. É um sentimento que nunca experimentei antes. Mas acho que esse era o problema. Foi por isso que a noite terminou tão mal." Ela suspirou.

"Acordei às 6h e, quando saí do hotel, liguei meu telefone. Eu tinha dez mensagens na caixa postal e várias mensagens de texto da babá dizendo que meu filho havia tido um ataque de asma e que eles tinham ido ao hospital. Comecei a chorar, tentando ligar para o médico. Não conseguia acreditar que eu havia deixado isso acontecer. Foi nesse momento que percebi que havia perdido o controle da minha vida e que estava em grandes problemas. Foi então que decidi me consultar com um terapeuta." Ela voltou a me encarar e me perguntou, desesperada: "O que vou fazer? Me diga! É loucura que eu o ame?"

Freud escreveu que uma das coisas menos favoritas que ele tinha para fazer era trabalhar com pacientes que estavam apaixonados. Para ele, o amor era um sentimento irracional e a pessoa apaixonada estava em uma fase semipsicótica, sem contato com a realidade. Ele acreditava que essa fase não permitia que o paciente entrasse em contato com nenhuma outra realidade emocional além de seu próprio amor e sentimentos eróticos e que, assim, a percepção genuína era praticamente impossível.

Irvin Yalom começa seu livro, *O Carrasco do Amor*, dizendo que ele também não gosta de trabalhar com pacientes que estão apaixonados. Para ele, isso acontece por causa da inveja. "Eu também anseio pelo encanto", escreve ele honestamente.

Sem dúvida, o terapeuta, quase como uma criança que espia o quarto dos seus pais, é um "forasteiro" que testemunha o caso de amor do seu paciente e talvez se sinta deixado de lado e com ciúmes. No entanto, o terapeuta não se identifica apenas com o forasteiro excluído — ou seja, a criança —, mas também com aqueles que fazem parte da história, com aqueles que se apaixonam.

Tudo fica mais complicado, entretanto, quando esse amor é ilícito e quando vários componentes morais e éticos estão ligados a ele. Como a maioria das pessoas, os terapeutas podem sentir várias coisas sobre esse tipo de amor; eles podem sentir conflito moral, culpa ou se identificar com o parceiro traído; podem sentir ciúmes do paciente que consegue fazer uma coisa que eles mesmos gostariam de fazer; talvez queiram fazer o paciente se tornar uma "pessoa melhor" e ajudá-lo a terminar o caso; podem até alimentar uma fantasia romântica na qual o paciente foge com o amante.

Deparei-me com essa complexidade ao escutar Eve, ciente de que a busca pela verdade sempre é dolorosa. Ela nos obriga a diminuir a velocidade, a examinar nossas vidas e a substituir a ação pela reflexão. Qual é o real significado de uma traição? Será que saber quais forças estavam por trás da sua infidelidade é algo com o qual Eve poderia lidar? Será que conseguiria dar conta de reconhecer a dor que carregava desde a infância, a qual seu caso prometia aliviar? Será que conseguiria identificar como sua mãe e sua avó viviam no seu caso de amor? Será que conseguiria sobreviver?

Eve chegou cinco minutos atrasada na sessão seguinte.

"Acordei tarde e mal consegui chegar aqui", informou ela ao entrar. "Tinha muito trânsito e não consegui encontrar um lugar para estacionar. Pensei comigo mesma: 'Vou precisar de um milagre para chegar no horário.'"

Ao ouvi-la, perguntei-me se seu desejo era não conseguir chegar até o meu consultório para não precisar iniciar o doloroso processo de autorreflexão. Mas também ouvi a parte em que ela se surpreendeu com o fato de ter conseguido chegar, não apenas para a nossa sessão, mas talvez para a sua vida.

"Talvez você se surpreenda com o fato de ter chegado aonde chegou — se tornando uma adulta funcional com uma carreira de sucesso, um marido amoroso e dois filhos. Talvez isso lhe pareça um milagre", comentei.

Ela sorriu. "Às vezes eu não tenho certeza de como isso aconteceu. Não consigo acreditar que essa é realmente a minha vida. Sei que isso pode soar superficial, mas até a minha aparência me surpreende às vezes", confessou. "Eu era uma menininha feia, 'estranha', como meus pais costumavam dizer." Ela me encarou e acrescentou: "Mas a verdade é que não sei de mais nada agora. Acho que estou me transformando naquela menininha novamente, a que não tinha nada nem ninguém. Acho que destruí tudo que criei e que não terei uma segunda chance. Desta vez, não vou conseguir."

Eve não se lembra muito da sua infância. Ela se lembra de ficar muito tempo sozinha, brincando solitária debaixo da mesa do quarto que dividia com seus três irmãos mais novos. Ela fazia bonequinhos de papel e brincava de casinha com eles. Eram a grande família que esperava ter algum dia, uma família com vários filhos que amariam e protegeriam a ela e uns aos outros. Aquele espaço debaixo da mesa era o seu lar. Ela cobria a mesa com um cobertor e se escondia ali para dar asas à sua imaginação sem interrupções.

"Nas minhas encenações, havia uma história que eu costumava repetir vez após vez", contou ela.

"Era o aniversário da filha e nenhum dos membros da família queria cantar 'Parabéns Pra Você'. Eles a ignoravam, insultavam e atacavam. Era o pior dia da sua vida, e ela se sentava em um canto da casa e chorava em silêncio."

Essa história acabava com uma transformação: de repente, em um minuto, tudo mudava. A garota rejeitada descobria que tudo era um truque, uma maneira de a família esconder uma grande festa surpresa que haviam planejado para ela.

"Ela percebe que foi tudo um truque", conta Eve num tom infantil, e sei que ela está me dizendo que, quando criança, esperava que tudo não passasse de uma distração, queria que tudo mudasse algum dia. O desejo pela transformação era uma parte importante da sua fantasia de criança. Ela sonhava em como transformaria sua feiura em beleza, seu desespero em esperança, seu estado indefeso em poder, o ódio em amor e tudo que parecia morto em vida. E isso aconteceu. A menininha se transformou em uma mulher linda, poderosa e bem-sucedida. Ela ganhou a família que sempre quis. Mas, quando sua filha fez 12 anos, ela subitamente se sentiu vazia, como se estivesse morrendo por dentro.

"E então conheci Josh", contou. Ela ficou em silêncio por um momento, se virou e olhou pela janela. "Ele cuida de mim como se eu fosse uma menininha", sussurrou ela, como se estivesse falando consigo mesma. "Ele cuida de mim mais do que qualquer outra pessoa cuidou, do jeito que imagino que minha mãe cuidou da mãe dela."

Continuo acompanhando as associações de Eve e entro com ela na história de sua família, no quarto onde estava sua avó doente, e onde a mãe de Eve, Sara, então com 12 anos, se encontrava ao seu lado. Percebi que a filha de Eve havia completado essa mesma idade quando o caso com Josh começou.

A avó de Eve já estava doente, com câncer de fígado, há dois anos. Ela havia feito radioterapia e quimioterapia e passou por uma curta remissão antes de o câncer voltar. Ela passou por mais sessões de quimioterapia, mas só ficou mais e mais doente. Sara tinha 14 anos quando sua mãe morreu.

"Assim como eu, minha mãe era a mais velha de quatro filhos e a única menina. Era a principal cuidadora da sua mãe e uma filha responsável e devotada. Ela me disse que, por meses, sua mãe ficou deitada na cama o dia inteiro com febre alta, e que ela tentava ajudar, trazendo-lhe gelo e toalhas úmidas para controlar a febre. Mas nada funcionava. À medida que o tempo passava, as febres começavam mais cedo no dia e duravam a noite toda. Meu avô começou a dormir na sala de estar; minha mãe levantava no meio da noite para ver como sua mãe estava e voltava para casa logo após a escola para ver se ela precisava de alguma coisa.

"Nas últimas semanas, sua mãe mal abria os olhos. Quando abria, parecia que estava olhando para o nada, não conseguindo ver algo de fato. Minha mãe não estava certa se sua mãe sabia que ela estava deitada ao seu lado. Sua pele ficou amarelada e sua boca ficava entreaberta o tempo todo, como se não conseguisse mantê-la fechada. Conforme as toxinas do fígado invadiam seu cérebro, ela foi ficando confusa e, de vez em quando, sussurrava alguma coisa que não fazia sentido — por exemplo, que precisava dar comida para os cachorros, embora eles nunca tivessem tido cachorros. Minha mãe imaginou se ela não estava se referindo a um cachorro que ela teve quando era criança, mas nunca descobriu se esse cachorro existiu.

"Acho que ela nunca superou a morte da mãe", concluiu Eve. "Ela me falou sobre os últimos dias da vida da sua mãe muitas vezes, como se o fato de ela me contar a ajudasse a processar isso melhor ou como se o fato de eu saber cada detalhe fosse necessário para que ela não se sentisse tão só."

Nos últimos dias de vida da mãe, Sara não foi à escola. Ela se deitava na cama com a mãe e procurava ouvir sua respiração. Servia de conforto para ela saber que sua mãe ainda estava viva, que sua mãe podia ouvi-la. Mas Sara sabia que não podia mais tocá-la; seu corpo havia se tornado tão sensível que até um toque gentil poderia machucá-la.

Uma enfermeira do hospital vinha visitar sua casa diariamente e, certo dia, ela chamou Sara no outro cômodo e lhe disse que sua mãe morreria em breve — dentro de algumas semanas ou dias. Ela lhe deu um livrinho verde que descrevia o que podia esperar. Mas Sara não conseguia acreditar. Ela achava que, se ficasse na cama com a mãe, poderia mantê-la viva; que, se ela sincronizasse sua respiração com a da mãe, elas poderiam respirar juntas para sempre.

No aniversário de 14 anos de Sara, sua mãe inspirou profundamente 7 vezes — cada inspiração parecendo um suspiro — e, por fim, uma última vez. Ela tinha um pequeno sorriso no rosto, mas não estava mais viva.

Eve me contou isso como se estivesse falando da sua própria mãe falecida. Eu tinha lágrimas nos olhos, mas ela não. Ela me encarou e inspirou profundamente. Será que estava se certificando de que ainda estava viva?

Ela se moveu, com desconforto. "Você mencionou antes que minha mãe tinha 12 anos quando a mãe dela ficou doente e que minha filha tinha 12 anos quando comecei a ver Josh. Eu nunca havia feito essa conexão. Eu sempre choro quando fazemos sexo. De vez em quando, eu peço que ele me salve, que me leve a algum lugar, que me leve para longe."

"Não é incomum que o sexo se torne uma tentativa desesperada de curar nossos pais feridos e a nós mesmos", comentei. Então Eve começou a chorar.

"Isso é terrível", sussurrou ela. "Se as mães adoecem quando suas filhas fazem 12 anos, e depois morrem, então é claro que eu tinha que salvar minha vida", concluiu. Eu lhe perguntei se ela tinha alguma lembrança dessa época, de quando tinha uns 12 anos.

Eve me encarou, surpresa. Ela não tinha muitas memórias de infância.

"Que estranho", ponderou. "Afinal, foi minha mãe quem me criou, que ficava em casa com os filhos, mas eu não tenho nenhuma lembrança real de momentos que passei com ela." Ela pausou e olhou pela janela. Senti que, de repente, ela se tornara ausente de novo, e esperei em silêncio até que retornasse. Foi nesse momento que identifiquei a relação entre seus momentos de dormência, a morte da sua avó e o efeito que isso teve sobre sua mãe.

Então me peguei perguntando: "A sua mãe ainda está viva?"

Eve pareceu assustada. Nós duas sabíamos que, até esse ponto, eu já saberia se sua mãe, Sara, tinha morrido — ela já teria me dito —, mas perguntei mesmo assim. Minha pergunta deixava implícito que sua mãe, de certa forma, estava morta, que ela havia morrido naquele quarto com a mãe dela e nunca poderia se tornar uma mãe funcional.

"Eu me lembrei de uma coisa", disse Eve. "Quando você me perguntou se minha mãe estava viva, eu tive uma visão perturbadora da minha infância. Nem sei direito o que isso tem a ver. A imagem de um cachorro morto.

"Quando tinha 12 anos, eu encontrei uma cachorrinha na rua, perto de casa. Fiz carinho nela e, quando a coloquei de volta na rua e me virei para ir para casa, a cachorrinha me seguiu. Eu me lembro de ter ficado muito feliz. Achei que a cachorrinha me amava. Peguei-a novamente e decidi que me arriscaria a levá-la para casa. Eu sabia que minha mãe não ficaria feliz com isso — ela nunca quis ter animais em casa —, mas eu estava decidida a fazer qualquer coisa para convencê-la a adotar a cachorrinha.

"Eu me lembro de entrar em casa, colocando um pouco de água num copo para que a cachorrinha pudesse beber e fui procurar minha mãe. Ela estava na cama. Pensando bem, ela estava sempre na cama", ponderou Eve. "Poxa! Eu nunca havia me dado conta disso", acrescentou, e continuou. "Me sentei na cama ao seu lado e sussurrei: 'Mãe, encontrei uma cachorrinha.'"

Continuei ouvindo-a e me lembrei dos cachorros que sua avó havia mencionado antes de morrer. Eve prosseguiu.

"Minha mãe nem sequer abriu os olhos, mas resmungou: 'Como assim "você encontrou"?'

"Respondi: 'Ela me seguiu na rua e me senti mal deixando ela sozinha. Achei que nós poderíamos cuidar dessa cachorrinha e...'

"Minha mãe me interrompeu; seus olhos ainda estavam fechados. 'Mas não vamos', interrompeu com firmeza. 'Leve ela de volta para onde você a encontrou.'

"'Mas, mãe,' comecei a chorar, 'eu não posso. A cachorrinha não tem pais; ela não tem ninguém para cuidar dela. Eu prometo que você não vai precisar fazer nada. Eu vou fazer tudo. Eu vou cuidar dela. Por favor, mãe. Por favor.'

"Minha mãe abriu os olhos.

"'Eve, não me irrite', resmungou ela. 'Você ouviu o que eu disse? Leve ela de volta para onde a encontrou. Não vamos ter cachorros nesta casa.'"

Eve parecia arrasada. Ela começou a chorar. "Eu não tinha escolha. Então, levei a cachorra para fora e a deixei na rua. No dia seguinte, encontrei a cachorrinha morta na rua que ficava na frente do nosso prédio. Alguém me contou que ela havia sido atropelada. Acho que isso aconteceu porque ela tentou me seguir de volta para casa."

Eve estava chorando e eu estava tentando conter minhas próprias lágrimas. Eu senti sua raiva e seu sentimento de impotência ao se identificar com uma cachorrinha abandonada que, como sua mãe, não tinha mãe, não tinha ninguém para cuidar dela. Aquela cachorra, que foi jogada de volta na rua, também era como ela quando criança — abandonada vez após vez, vagando sozinha no mundo e esperando que alguém pudesse adotá-la e transformar sua vida.

A cachorra morta representava toda a morte que Eve levava dentro dela: sua avó morta, sua mãe traumatizada e emocionalmente morta e seu próprio eu morto.

O psicanalista francês André Green cunhou o termo "mãe morta" para se referir a uma mãe indisponível, geralmente deprimida e emocionalmente ausente. Green descreveu uma mãe traumatizada que é distante e emocionalmente morta. Ele explicou que, em geral, é a perda que faz a mãe morrer emocionalmente, e que, então, o filho dedica o resto da sua vida tentando se conectar com a mãe, tentando ressuscitá-la, trazê-la de volta à vida. Qualquer filho cujo maior medo é o abandono insistirá em se conectar com sua mãe e fazer qualquer coisa para se sentir perto dela, incluindo comprometer partes de si mesmo.

Quando desistem de trazê-la de volta à vida, eles tentam restaurar a conexão renunciando sua própria vida. Eles encontram a mãe na sua morte e desenvolvem sua própria morte emocional.

O aspecto intergeracional da morte estava por toda a psique de Eve. Ela levava essa herança emocional e se identificava com a mãe morta. Lá dentro, ela também se sentia quebrada, morta e envergonhada. Como filha, ela tentou transformar esses sentimentos durante os momentos em que sonhou com a criação de vida, em se tornar mãe e em ter cem filhos. Ela pensou que, se desse à luz dez vezes e, a cada vez, ela tivesse dez filhos, então cem filhos seria uma quantidade bastante realística de filhos. Eles seriam como uma família de cachorrinhos, aninhando-se uns nos outros. Ela imaginou uma vida cheia de amor, conforme lidava com as camadas da morte.

O desejo de reparação coloriu o desejo sexual de Eve. O sexo era uma maneira de entrar ativamente no âmago do seu trauma de família. Por meio do ato sexual, podemos tocar o abismo, nosso sofrimento, nosso desespero.

"Eu preciso que Josh me imobilize. E então quero que ele toque meu corpo todo gentilmente", descreveu Eve. "Quero que ele me abrace o mais apertado possível, que me amarre na cama para que eu não consiga me mover, para que ele tenha todo o poder e eu não tenha outra opção a não ser confiar nele para tratar minha alma com cuidado. Eu quero que ele faça com que eu me sinta melhor."

Eve fez sexo com Josh, olhou a morte nos olhos e lutou contra ela. Ela insistiu que venceria dessa vez, que dessa vez consertaria todos os danos e a humilhação, que voltaria a viver e repararia a morte que existia dentro dela, no seu passado, presente e, definitivamente, no futuro. Sua fantasia inconsciente era que tudo podia ser consertado e esquecido, e que ela poderia encerrar o ciclo e continuar viva quando sua filha fizesse 12 anos.

A reparação é um impulso do Eros, da vida. É o elemento mais forte da criatividade e é baseado no desejo de consertar os danos e curar as pessoas que amamos. Assim, ele gera esperança e nos ajuda a nos sentirmos mais vivos e a chorar pelas nossas perdas. "Reparação maníaca" é uma forma de reparação que é mais defensiva do que produtiva. É uma ação orientada e repetida continuamente, e que nunca atinge seu alvo porque ela deseja o triunfo e o reparo absoluto. Ela ignora o fato de que não existem novos inícios na íntegra e que o perdão e a recuperação incluem a dor.

Josh não podia reparar as perdas da vida de Eve. Na verdade, toda vez que eles se despediam, ela se sentia perdida e revivia essas perdas. Na terapia, Eve percebeu que a mesma batalha que achava estar vencendo era um tipo de repetição do passado que ela estava tentando evitar. Ela entendeu que a mesma coisa que achava estar salvando sua vida estava, na verdade, fazendo com que ela se tornasse uma mãe ausente e morta para seus próprios filhos, e que, em vez de reparar sua história, ela a estava repetindo. Quando percebeu que seu filho podia ter morrido, ela precisou dar um fim ao seu ciclo maníaco e enfrentar a realidade, a dolorosa verdade de que o que havia sido feito não podia ser totalmente desfeito; só podia ser processado e lamentado.

No fim da nossa sessão, Eve calçou os sapatos, abriu sua bolsa, pegou as chaves, mas não colocou os óculos imediatamente. Em vez disso, ela ficou sentada por um minuto, em silêncio, e então sorriu.

"Quer saber, acho que eu mesma quero dirigir hoje. Não sei bem por que nunca percebi isto antes: que ser a motorista significa que posso escolher aonde quero ir. Posso ir para casa. Ou não. Eu decido."

Fiquei observando Eve sair do meu consultório, sentindo, pela primeira vez desde que nos conhecemos, que havia esperança para ela.

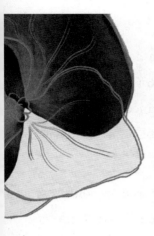

2

CONFUSÃO DE LÍNGUAS

Não fiquei surpresa quando recebi um e-mail de Lara, que foi minha paciente há 19 anos. Ela tinha apenas 10 anos quando seus pais encerraram o tratamento subitamente e se mudaram com a família para a Costa Oeste dos EUA. Desde então, venho pensado nela com frequência, lembrando-me da sua história incomum, imaginando como ela estava. Quando vi seu nome na minha caixa de entrada, foi quase como se estivesse esperando por isso.

O e-mail dizia: "Estou escrevendo para ver se podíamos nos encontrar. Tenho 29 anos atualmente e tenho muitas coisas sobre as quais gostaria de conversar com você. Você se lembra de mim?"

Como poderia me esquecer de Lara? Ela foi uma das minhas primeiras pacientes infantis quando abri uma clínica particular em Nova York. Eu a atendi durante dois anos e, em geral, era incômodo pensar sobre sua situação familiar não resolvida, justamente o que eu havia feito durante todos esses anos.

O caso de Lara, que envolvia abuso sexual, foi um dos mais confusos que tratei e, com o passar do tempo e à medida que fui estudando a natureza do aspecto intergeracional do abuso sexual, senti que conseguia entendê-lo melhor. Talvez tenha sido meu desejo constante de compartilhar esses pensamentos com Lara que me fez querer que ela entrasse em contato comigo.

Eu estava pesquisando o tópico de abuso sexual na infância quando comecei a atender Lara.

Beatrice Beebe, uma das minhas mentoras e pesquisadora de assuntos infantis da Universidade Columbia, é conhecida pelo ditado "Research is me-search" [A pesquisa é a busca por mim mesma]. O que ela quer dizer com isso é que toda pesquisa psicológica, mesmo quando não estamos cientes disso, é nossa busca por entender e curar a nós mesmos e as pessoas que nos criaram.

Ao iniciar essa pesquisa, eu não tinha certeza sobre o que estava procurando. O que realmente precisava saber sobre mim e sobre o mundo ao meu redor? Qual era a minha "busca por mim mesma"?

Foi essa a pergunta que fiz a cada aluno que orientei desde então, crendo genuinamente que, no nosso íntimo, estamos sempre tentando resolver os mistérios da nossa mente. Os sentimentos são sempre o motivador das investigações intelectuais, mesmo quando racionalizamos o mundo ao nosso redor.

Comecei minha pesquisa interessada no que o psicanalista húngaro Sándor Ferenczi chamou de "confusão de línguas". Baseando-se na história bíblica da Torre de Babel, Ferenczi faz referência à confusão entre a língua de afeto que as crianças falam e a língua da paixão que os abusadores introduzem. O paradoxo entre o afeto e a exploração é uma das confusões que mais prevalecem no abuso sexual, um paradoxo que deixa as crianças confusas e atormentadas. Os abusadores não só ameaçam e assustam as crianças; eles costumam dar afeto, prometer segurança e fazer a criança se sentir especial. Concentrei minha pesquisa no que as histórias de crianças podem nos ensinar sobre suas experiências e vulnerabilidades emocionais, e me interessei particularmente em documentar as histórias das crianças de contos de fadas, que contêm um material emocional com significado universal. Escolhi um conto de fadas para realizar a pesquisa com meus pacientes mais jovens: "Chapeuzinho Vermelho."

Uma semana depois que a minha proposta de pesquisa foi aprovada, Lara entrou no meu consultório. Ela começou a sessão dizendo: "Tenho uma ideia do que podemos fazer hoje."

Nós duas costumávamos brincar de "casinha". Ela me pedia para fazer o papel da filha para que ela pudesse ser a mãe, e por meio daquela brincadeira eu não só entendi como também senti o quão doloroso era ser a filha naquela família. Fazer o papel da filha, que, como ela, morava com seus pais, Hanna e Jed, e com seu meio-irmão, Ethan, que tinha 9 anos, me permitiu entender o que ninguém podia me dizer em palavras: que todos eles estavam confusos e com medo e que Lara estava guardando um segredo de família para todos eles.

"Qual é a sua ideia?", perguntei, e Lara me surpreendeu com a resposta: "Podemos brincar de Chapeuzinho Vermelho?"

Fiquei surpresa com a coincidência. Como ela sabia que esse era o conto de fadas que eu havia escolhido para a minha pesquisa que teve seu início aprovado há apenas uma semana?

Quanto mais experiências tenho com meus pacientes, mais aprendo o quão inconscientemente conectados estamos com as pessoas à nossa volta. A primeira vez que vivenciei isso foi com Lara, mas essa não seria a última. Desde então, vivenciei várias coincidências surpreendentes com meus pacientes. Por meio dos nossos sonhos, fantasias e sincronias, percebemos que sabemos mais uns dos outros do que estamos cientes.

Lara sorriu. "Você é a filha e eu sou a mãe", instruiu.

Abri o armário. Dentro dele, havia novos bonecos que eu tinha acabado de comprar: uma menina com um vestido vermelho, uma mãe, uma avó e um lobo.

"E quanto à vovó e ao lobo?", perguntei. "Quem vai fazer o papel deles?"

Lara pausou. "Não precisamos de um lobo", respondeu. "Não existem lobos na nossa história."

Algumas semanas antes da minha primeira sessão com Lara, eu me reuni com seus pais, Hanna e Jed.

Ao trabalhar com crianças, sempre me reúno com os pais primeiro para coletar informações sobre a criança e a família, e para discutir os objetivos e o processo da terapia. Embora seja a criança que fará terapia, em geral são os pais que precisam mais de ajuda. As crianças costumam refletir a realidade da família e se tornam o que chamamos de "paciente identificado", ou seja, aquele que parece ser o membro "doente" da família. Essas crianças costumam carregar e refletir os problemas da família toda como uma unidade. A maioria das famílias tem um membro que é inconscientemente designado para apresentar os sintomas; em outras palavras, a família projeta a patologia sobre um membro dela. Essa pessoa, em geral a criança, vai ser aquela que será enviada para a terapia. Ao tratar famílias como um sistema, exploramos o papel da criança como a portadora dos sintomas para a família.

Lara era a "paciente identificada" da sua família. Ela estava no segundo ano e acordava todas as manhãs se sentindo enjoada, segurando a barriga com as mãos, chorando e dizendo que não queria ir para a escola. Seus pais achavam que ela estava sofrendo de ansiedade social. Depois de conhecê-la, entendi que sua ansiedade era um pouco diferente, percebendo que ela estava preocupada com a mãe e que tinha dificuldades de se separar dela. Não era o caso de Lara não querer ir para a escola. Ela queria ficar em casa com Hanna, quem ela achava que estava com problemas e precisava ser protegida.

Durante aquela primeira sessão, Hanna e Jed me contaram uma história incomum e assustadora. Eles relataram que, quando Lara tinha apenas 5 anos, sua avó materna, Masha, apresentou uma queixa contra Ethan, o filho de Jed do seu primeiro casamento, por molestar Lara. Ethan tinha 14 anos então, e os serviços sociais foram até a casa para investigar o assunto. Porém, nenhum indício de abuso sexual foi encontrado e o caso foi fechado. Desde então, Masha apresentou mais oito queixas contra Ethan. A cada vez, uma investigação era realizada, mas nenhuma evidência era encontrada e o caso era fechado.

"Nossa família está devastada. Não sabemos o que fazer e em quem acreditar", admitiu Hanna durante aquela primeira sessão. "Eu não consegui mais dormir direito desde que isso aconteceu."

Jed olhou para Hanna e me explicou que Hanna criou Ethan. A primeira esposa de Jed morreu quando Ethan tinha apenas 7 anos e, quando Hanna se casou com Jed, ela se tornou a mãe do seu filho. Hanna amava Ethan.

"Desde que a mãe dela acusou Ethan de molestar Lara, tudo mudou na nossa família", lamentou Jed. "Todos nós começamos a suspeitar uns dos outros. Não sabíamos quem estava mentindo, em quem acreditar, quem precisávamos proteger e quem devíamos culpar."

Hanna começou a chorar. "Eu não acho que ele fez isso", afirmou. "Eu realmente acho que não. Eu o conheço tão bem e conheço minha mãe; quando o assunto é esse, ela fica meio louca."

"Que 'assunto' é esse?", perguntei.

Jed segurou a mão de Hanna. Ela não respondeu.

"Essa situação gerou muita tensão entre nós", interveio ele. "Hanna ficou deprimida. Ela se culpa."

"E você está se culpando de quê?", perguntei.

"Eu sou a mãe dela", respondeu Hanna, chorando. "Eu deveria saber qual é a verdade." Ela pegou um lencinho na caixa e me encarou. "Eu não sei, talvez eu esteja errada e minha mãe certa, e algo terrível aconteceu bem diante dos meus olhos. Eu não sei como proteger minha filha."

Houve um longo silêncio e então Hanna ponderou: "Sei que talvez seja da minha mãe que preciso proteger minha filha. Minha própria mãe, a quem eu amo. Mas por que ela poria a culpa nele? Por que ela faria isso?"

Hanna e Jed queriam que alguém lhes dissesse o que realmente havia acontecido. Eles queriam a verdade.

"O que Lara sabe sobre essa situação? Ela está ciente de alguma coisa?", perguntei antes de encerrar a sessão.

Jed encarou Hanna, e ambos ficaram em silêncio por um longo minuto.

"Cerca de um ano atrás, minha mãe veio nos visitar e disse a Lara que Ethan havia abusado dela sexualmente." Hanna suspirou. "Ela disse a Lara que, durante todos aqueles anos, ela estava tentando ajudá-la a 'gritar seus gritos', como ela colocou. Mas que ninguém a ouvia. Ela lhe disse que Lara nunca deveria ficar sozinha com Ethan."

Jed concordou com a cabeça. "Desde então, Lara não quis mais ir à escola. Achamos que ela ficou com medo das pessoas e foi por isso que decidimos trazê-la à terapia."

A primeira sessão havia terminado e minha cabeça estava girando. Eu me senti enjoada e percebi que esse era o mesmo sintoma que os pais de Lara disseram que ela estava apresentando. Estava curiosa para conhecê-la.

No dia seguinte, Lara veio para a sua primeira sessão acompanhada por Jed. Ela estava segurando a mão do seu pai e seu longo cabelo negro estava amarrado, formando um rabo de cavalo. Ela nem sequer olhou para mim.

"Gostei do seu consultório", disse ela baixinho, olhando em volta com um sorrisinho no rosto. Eu gostei de Lara desde o primeiro momento em que a vi.

Naquela sessão inicial, ela me falou sobre sua família e descreveu com indiferença como Ethan foi acusado de tocá-la de modo inapropriado.

"A vovó não gosta do meu irmão", afirmou ela. "Talvez ela o odeie e quer que ele vá para a cadeia."

Lara falou sobre esses fatos sem emoção, como se nada disso fosse sobre ela. Ela se virou para olhar os bonecos no canto do cômodo e me perguntou se podia brincar com eles.

Durante um ano, em cada sessão, brincávamos enquanto conversávamos. Eu observava a brincadeira e tentava ouvir o que ela estava me ensinando sobre seu mundo, sua experiência emocional e suas vulnerabilidades.

Como não estava claro se Lara havia de fato sido sexualmente abusada, decidi não incluí-la na minha pesquisa. Assim, foi surpreendente quando ela sugeriu que brincássemos de Chapeuzinho Vermelho.

"Esse é o meu conto de fadas favorito." Ela sorriu. "Só que não existem lobos na nossa história, lembra?"

Anos antes de ter sido adaptado pelos Irmãos Grimm, o conto "Chapeuzinho Vermelho" foi lançado em uma versão escrita por Charles Perrault em 1697. A história de Perrault foi adaptada de um conto popular. Nela, ele descrevia o momento em que a criança encontrava o lobo, chamado de "Senhor Lobo", o que dá a entender que o lobo representava um ser humano.

Na versão de Perrault, quando Chapeuzinho Vermelho chega na casa da sua avó, o lobo está deitado na cama e pede que ela tire a roupa e se deite com ele. Chapeuzinho Vermelho se assusta com seu corpo despido e diz: "Vovó, que braços compridos você tem." A isso, o lobo responde: "É para te abraçar melhor." A versão de Perrault termina com o lobo devorando a Chapeuzinho Vermelho seguida por um poema que traz a moral da história: que boas meninas devem tomar cuidado ao serem abordadas por homens. Quanto aos lobos, acrescenta ele, eles assumem várias formas, e os bonzinhos são os mais perigosos de todos, em especial aqueles que seguem jovenzinhas nas ruas até as suas casas.

Perrault apresentou aos seus leitores uma versão um pouco mais refinada do conto popular, o qual, originalmente, estava repleto de sedução sexual, estupro e assassinato. Sua versão aborda a natureza enganosa de lobos bonzinhos, que ferem suas vítimas enquanto fingem que estão lhe oferecendo algo especial, apresentando-lhes a perversão sexual como uma forma de amor. A história passou por muitas outras alterações durante os anos, chegando ao ponto em que a insinuação sexual foi totalmente omitida e a narrativa se transformou em um conto de fadas infantil.

Ao passo que os contos de fadas costumam diferenciar as pessoas boas e más para ajudar as crianças a organizarem seu mundo e se sentirem seguras, "lobos bonzinhos" deixam as crianças confusas, incertas do que é perigoso ou não. Crianças abusadas acabam achando que elas são más, que elas fizeram algo errado. Essa confusão de línguas entre o amor e a perversão irá assombrar as crianças por anos a fio.

"Você vai ser a Chapeuzinho Vermelho", disse Lara, entregando-me a boneca da menina com o vestido vermelho.

"Ela vai visitar a vovó", continuou. Então, sussurrou: "A menina acha que a vovó é uma senhora idosa, mas, na verdade, ela é um lobo."

"Um lobo?", perguntei, recordando-me de que ela insistia que não havia lobos na nossa história.

"Você vai ver." Ela sorriu, como se estivesse escondendo alguma coisa. "Você vai entender o que quero dizer em breve. A vovó tem muitos segredos."

Mas não descobrimos quais eram os segredos da avó, nem sequer entramos na sua casa. Em vez disso, Lara me disse que, como Chapeuzinho Vermelho, eu devia me sentar debaixo de uma árvore e esperar que ela viesse me buscar.

"Eu volto logo", prometeu ela com firmeza.

Ela virou de costas para mim e começou a brincar sozinha.

Eu fiquei lá, sentada, por um bom tempo, sabendo que havia recebido o papel da menininha que Lara vinha exercendo, perdida na floresta, sobrecarregada com os segredos de outros.

Sentada lá, em silêncio, esperando Lara retornar, voltei a me sentir como uma garotinha, quando ficava esperando meus pais virem me buscar na loja de doces. Minha "busca por mim mesma" adentrou a sala, e compreendi o que eu estava buscando. De repente, me lembrei do que sempre soube.

Eu tinha 7 anos. Era mais jovem do que Lara. Havia começado a segunda série em uma nova escola longe de casa. Durante a primeira semana lá, meus pais me disseram que estavam fazendo planos para nos mudarmos para um novo apartamento, mais perto da nova escola, mas que, até então, eu deveria esperar na loja de doces após as aulas e que eles me buscariam ali.

Todos os dias, eu caminhava até a loja de doces da esquina e esperava, exatamente como haviam me dito para fazer. Moses, o dono da loja, era um velhinho bonzinho com um bigode branco e um grande sorriso. Eu gostava dele. Acho que ele gostava de mim também, e eu gostava em especial do fato de que ele me dava doces.

Como uma menininha, não havia nada de que eu gostasse mais do que doces. Para tentar nos obrigar a ter uma alimentação saudável, minha mãe não permitia doces em casa. Ela costumava nos dar pratos com maçãs cortadas e frutas secas. "Doces feitos pela natureza", como ela as chamava.

Quando Moses me ofereceu doces pela primeira vez, fiquei emocionada e comi o mais rápido possível. Ele me encarou e sorriu. "Vejo que você realmente gosta de doces."

No dia seguinte, ele me ofereceu um pouco do sorvete que ele armazenava nos fundos da loja. "Que sabor você prefere?" Ele tinha uma casquinha em cada mão. "Baunilha ou chocolate?"

Apontei para a de baunilha.

"Por que eu tinha a impressão de que você escolheria esse?", brincou. Então, ele me perguntou se eu gostaria de pegar alguma coisa nos fundos da loja.

"Vou deixar você escolher o que quiser", ofertou.

Moses estava sempre sorrindo, e seus beijos eram úmidos e faziam cócegas. De vez em quando, sua mulher vinha até a loja e ele colocava uma cadeirinha para mim na frente da loja e me deixava lá até que ela saísse.

Quando meu pai vinha me buscar, Moses lhe dizia que eu havia sido uma boa menina e se despedia de mim, acenando. "Te vejo amanhã."

Eu gostava de esperar pelos meus pais lá. Porém, à medida que o tempo foi passando, comecei a me sentir enjoada.

"Moses te dá muitos doces", afirmava minha mãe. "É por isso que sua barriga dói."

Mas esse não era o motivo. Eu não sabia o porquê; eu só sabia que não gostava de quando ele me abraçava tão forte. Eu ainda gostava dele, até quando não gostava.

Na terceira série, eu deixei de gostar de Moses. Nós havíamos nos mudado e eu procurei evitar passar perto da loja dele. Muitos anos se passaram até que consegui juntar todas as peças e entender o que realmente havia acontecido nos primeiros meses da segunda série. Nunca disse nada a ninguém, e nem sempre estava certa de que isso realmente havia acontecido ou se tudo isso não era um produto da minha imaginação.

Freud enxergava a memória como uma entidade fluída que está sempre mudando e é remodelada com o passar do tempo. Ele chamou essa dinâmica de *nachträglichkeit*, que pode ser traduzido como "posteridade", o que significa que os eventos traumáticos iniciais ganham novos significados no decorrer da nossa vida. Freud se concentrava especialmente no abuso sexual como um evento que seria remodelado retrospectivamente ao passo que a criança envelhecia e atingia certas etapas do desenvolvimento. O abuso sexual na infância nem sempre é registrado pela criança como traumático. A criança é sobrecarregada com algo que ela não consegue processar nem entender.

À medida que o tempo passa, a experiência traumática é reprocessada. A cada etapa de desenvolvimento, a criança passa a encarar o abuso de um ângulo e entendimento diferentes. Quando a criança abusada se torna adolescente e, por fim, adulta, quando ela faz sexo pela primeira vez ou tem filhos, quando seu filho atinge a idade em que o abuso aconteceu — em cada um desses momentos, o abuso será reprocessado a partir de uma perspectiva ligeiramente diferente. O processo de luto continua mudando e acumula novas camadas de significado. O tempo não necessariamente fará a memória desaparecer; em vez disso, essa memória surgirá vez após vez de formas diferentes e será vivenciada simultaneamente como real e ficção.

Passaram-se 19 anos desde que conheci Lara. Era um dia nublado em meados de setembro e estava prestes a me encontrar com ela novamente. Além disso, era meu aniversário.

Nesse meio-tempo, eu tive três filhos. Parei de trabalhar com crianças e comecei a tratar apenas de adultos. Meu consultório continua no mesmo bairro que estava há 19 anos, no centro de Manhattan.

Abri minha porta e encarei a jovem alta que estava parada ali. Não a reconheci.

"Eu cresci um bocado." Ela sorriu, como se tivesse lido minha mente. "Obrigado por responder meu e-mail tão rápido e por concordar em me receber."

Ela sentou-se no divã e olhou em volta.

"Gostei do seu novo consultório."

Reconheci seu sorriso e essas primeiras palavras.

"Essas foram as primeiras palavras que você me disse quando te conheci", comentei, tentando descobrir algo sobre ela pela sua aparência: camiseta preta, longa saia de seda preta, tênis, esmalte azul e seu longo cabelo liso, que acho que era cacheado. Estava tentando descobrir o que havia acontecido com ela durante todos esses anos. Onde ela estava? Era feliz? Descobriu o que realmente aconteceu?

"Sei que é seu aniversário hoje", disse ela, para minha surpresa.

Acenei e sorri. Algumas coisas não mudam. Ela ainda sabia mais sobre mim do que eu esperava.

"Não se preocupe. Eu não posso ler sua mente", acrescentou ela, como se estivesse fazendo justamente isso. "Quando tentei te encontrar, pesquisei você no Google, e uma das primeiras coisas que encontrei na sua página da Wikipédia foi a data do seu aniversário. Fiquei feliz com o fato de você ter marcado nossa sessão para hoje. Eu realmente queria te dar um presente."

Tradicionalmente, os terapeutas não aceitam presentes dos pacientes. O contrato com nossos pacientes é claro: não deve haver um relacionamento dual entre nós; nenhum intercâmbio deve ser realizado com exceção dos nossos serviços profissionais por uma taxa horária. O psicanalista e o paciente têm o objetivo em comum de tentar explorar o inconsciente; assim, é interessante entender quando e por que um paciente traz um presente e o que esse presente representa. Na verdade, porém, nada pode fazer uma pessoa sentir que seu presente é mais desvalorizado e ignorado do que tentar analisá-lo.

Lara abriu sua bolsa e me entregou uma bonequinha. Era uma menina usando um vestido vermelho. Nossa Chapeuzinho Vermelho.

Ela me surpreendeu de novo.

"Você se lembra?", perguntou, soando de repente como a garotinha que costumava ser.

"Claro que me lembro. Eu nunca me esqueci", respondi.

Olhamos uma para a outra. Gosto dela assim como gostei nesses anos todos, e me perguntei o que a fez procurar por mim agora.

"Eu vim te ver porque preciso da sua ajuda." Ela havia respondido a pergunta que eu nem sequer havia feito em voz alta.

Começamos de onde havíamos parado anos atrás. Lara me falou sobre a mudança da sua família de volta para a Costa Oeste. Foi algo repentino; ela nem teve a chance de se despedir.

"Pensando bem, talvez nós estivéssemos fugindo", sugeriu ela. "Fugindo da infelicidade na qual minha família vivia. Mas a infelicidade nos seguiu; na verdade, só piorou."

A tensão entre os pais de Lara, Hanna e Jed, se tornou intolerável. Por isso, quatro anos mais tarde, eles se divorciaram. Jed perdeu o emprego e se mudou para Denver. Hanna ficou ainda mais deprimida e foi internada. Lara ficou sozinha. Aos 14 anos, ela precisou se mudar de novo, dessa vez para viver com sua avó, Masha.

Enquanto Lara falava, eu me sentia triste e preocupada. Como foi para ela se mudar de novo e se separar dos seus pais? Como foi viver com a sua avó, uma pessoa por quem ela tinha sentimentos mistos?

"Na verdade, foi aí que as coisas melhoraram", prosseguiu ela. "Minha avó foi maravilhosa e minha vida com ela foi muito mais fácil. Entendi por que minha mãe a amava tanto. Ela me apoiou e entendia como essa nova situação era difícil para mim. Ela foi amorosa e me dava tudo que precisava. Viajávamos uma vez por semana para visitar minha mãe no hospital, e visitávamos meu pai uma vez por mês. Em certo ponto, depois que minha mãe recebeu alta, tomei a decisão de ir morar com minha avó de modo permanente."

Enquanto ouvia Lara, lembrei-me de como Hanna costumava falar sobre sua mãe, como ela a defendia e dizia que, apesar de crer que a mãe fosse responsável pela divisão da família, a amava e nunca poderia culpá-la por tudo. Quando Jed quis que Hanna cortasse sua mãe da vida deles, ela se recusou. Agora Lara estava expressando os mesmos sentimentos pela sua avó. Algo havia mudado desde que sua avó fora nosso lobo mau.

"Minha avó cresceu na Rússia com oito irmãos", contou Lara. "Ela era a mais jovem e a única que havia recebido educação. Ela valorizava a educação e me encorajou a fazer pós-graduação. Na verdade, ela vai pagar pelo meu doutorado", acrescentou Lara com um sorriso tímido. "Decidi estudar psicologia. Acabei de ser aceita em um programa de doutorado." Então, ela começou a dar uma risadinha. "Talvez eu queira ser você. Quero dizer, quando era criança, o único momento em que eu não me sentia sozinha era enquanto estava fazendo terapia. Eu sentia que você realmente queria me conhecer."

Lara respirou profundamente. Ela parecia cansada, e percebi o quanto ela tentava ser agradável, fácil de lidar e não depressiva, como sua mãe. Ela sempre estava em sintonia com os outros, certificando-se de não impor um fardo sobre os demais, cuidando daqueles que estavam à sua volta.

"Você disse que precisava da minha ajuda." Minha voz estava mais suave do que o normal quando perguntei: "Diga-me: o que a traz aqui hoje, Lara?"

Ela olhou pela janela por um bom tempo.

"Eu me lembro de que seu consultório antigo tinha grandes janelas que davam para a igreja Grace", recorda, ainda olhando para fora. "Havia uma cafeteria do outro lado da rua. Eu ficava sentada lá com o meu pai toda semana após a terapia. Ele pedia um chá de menta fresca e um croissant, e eu pedia uma baguete e usava todo o creme de chocolate que tinha na mesa. Sentávamos lá toda semana, em silêncio, comendo, evitando olhar um para o outro. Ele nunca me perguntava como tinha sido a terapia. Talvez ele tivesse medo demais de descobrir. E eu não pensava em nada mais além do creme doce que minha mãe não me permitia comer e que deixava o fim de cada sessão com um gosto menos amargo. Eu nunca gostei de separações.

"Eu me lembro de sentar do outro lado da rua, olhando para a entrada do seu prédio, esperando te ver saindo e acenando para mim. Eu não queria que você atendesse mais ninguém depois que eu saísse. Eu queria você só para mim. E queria que meu pai dissesse ou perguntasse alguma coisa, qualquer coisa. Uma única pergunta teria sido suficiente, para que não precisássemos ficar sentados em silêncio. Queria que ele tivesse perguntado em voz alta se eu gostava dos cremes e qual era meu preferido. Eu teria apontado para o de chocolate com avelã e talvez teria lhe contado sobre a cesta da Chapeuzinho Vermelho que arrumamos antes do fim da sessão e sobre como eu havia posto nela nada além de doces que não eram saudáveis. Queria que ele tivesse sorrido e dito que sabia que eu amava doces porque havia percebido que eu pedia os cremes após cada terapia. Mas ele não perguntou nada, e não sei se ele percebeu o que eu estava comendo ou qualquer outra coisa sobre mim."

Lara fez uma pausa e olhou direto nos meus olhos.

"Havia muitas perguntas sobre a minha infância que ninguém nunca fez. Não havia nenhum adulto que soubesse as respostas. Havia um mistério que eu não conseguia resolver sozinha", refletiu ela, e eu sabia do que ela estava falando.

Lara e eu voltamos a nos encontrar uma vez por semana. Ela começou seu programa de doutorado, tentando encontrar o tópico para a sua dissertação, sua "busca por si mesma". Sua mente nos levaria às perguntas que nunca haviam sido feitas. A pergunta da sua pesquisa e a verdade viriam daquele vazio.

Era um dia de inverno quando Lara entrou segurando uma foto de quando tinha 13 anos. Estava com uma mochila nas costas, vestia roupas de educação física e sorria para a câmera.

"Esta é da época antes do divórcio dos meus pais", explica ela, e reconheci a menina na foto; ela se parecia muito com a menina que eu conhecia.

"Jamais vou me esquecer desse dia; foi quando minha menstruação veio pela primeira vez. Minha mãe tirou essa foto e então ligou para a minha avó para dizer que o 'tio Chico estava visitando' ou alguma coisa engraçada do tipo." Ela fez uma pausa.

"Eu as escutei brigando pela primeira vez. Minha mãe estava chorando e gritando com a minha avó. Eu não conseguia ouvir o que a minha avó estava dizendo, mas sabia que era ruim. Eu sabia que ela havia feito alguma coisa para deixar minha mãe muito triste e me senti muito mal. Achei que isso tinha acontecido por minha causa.

"Essa foi a única vez que me lembro de ter perguntado diretamente: 'Mãe, o que aconteceu?'

"'Não foi nada; isso é entre mim e a vovó', respondeu ela, mas eu não desisti. 'O que foi que ela disse? Por que você está chorando?'"

Hanna disse a Lara que sua mãe havia lhe pedido para cortar o cabelo de Lara curto.

"Minha mãe me disse isso e começou a chorar de novo. Ela achava que essa era a coisa mais terrível que alguém poderia fazer com uma garota. Ela achava que isso era uma loucura. Ela me disse que, quando tinha minha idade e sua menstruação veio pela primeira vez, minha avó a levou a um barbeiro e cortou seu cabelo curto sem dar nenhuma explicação. Ela se lembra de ter olhado no espelho e que as lágrimas começaram a escorrer pelo seu rosto. 'Eu pareço um menino', dizia ela, chorando.

"'Por que ela fez isso?', perguntei, mas minha mãe não respondeu. Perguntei-lhe novamente: 'Mãe, por que a vovó fez isso com você quando tinha minha idade?'

"'Às vezes é difícil entender a vovó', respondeu ela. 'Ela trouxe tradições estranhas do seu país, da sua própria infância, quem sabe.'"

Lara e eu ficamos em silêncio. Pergunto-me se ela pensou o mesmo que eu. Será que ela percebeu que sua avó estava tentando proteger sua filha fazendo-a parecer um menino e não uma menina? Estaria tentando proteger sua filha, e agora sua neta, contra o abuso sexual?

Ninguém queria saber. Ninguém perguntou.

Permaneci em silêncio, perguntando-me se Lara estava pronta para questionar a história da sua família.

Nosso desejo de saber tudo sobre nossos pais é um mito. Na verdade, as crianças costumam ser ambivalentes sobre aprender demais sobre seus pais. Elas não querem saber sobre a sexualidade deles e procuram evitar ficar sabendo de coisas íntimas em sua história.

"Preciso saber o que realmente aconteceu", disse Lara com determinação, apontando para a garota na foto com o dedo.

O sorriso da garota na foto era falso.

"Minha avó", contou ela, tocando seu longo cabelo liso, "estava sempre tentando me proteger. Ela acusou Ethan de ter me abusado, mas tudo isso foi esquecido depois que meus pais se divorciaram. Ninguém mais falou sobre isso, o que foi estranho".

Lara parecia séria. De repente, ela parecia muito mais velha do que seus 29 anos. Ela deu uma olhada no relógio, calculando quanto tempo ainda faltava para o fim da sessão. Eu sabia que ela precisava de tempo para pensar na sua história.

"Minha avó costumava me assustar quando eu morava com ela", relatou ela. "Ela vivia dizendo que eu precisava ter cuidado. Ela me dizia coisas estranhas. Por exemplo, dizia que eu precisava usar calcinha para dormir, senão vermes entrariam pela minha vagina. Ela sussurrava isso e eu me lembro de sentir enjoo. Toda vez que ela falava sobre meu corpo, ela começava a sussurrar. Quando o assunto era sexo, seus limites eram estranhos. Ela falava sobre coisas inapropriadas como se fossem normais e sobre coisas normais como se fossem pervertidas.

Seus sussurros faziam com que eu me sentisse suja, como se ela tivesse segredos obscuros que vinham à tona à noite, e então, de manhã, ela voltava a ser minha avó carinhosa."

"Quando você tinha 10 anos e nós brincamos de Chapeuzinho Vermelho, você me disse que a vovó da história tinha muitos segredos", recordei. "'Você estava sempre repetindo: 'Você vai ver.' Mas nunca descobrimos quais eram esses segredos. Talvez agora você esteja pronta para fazer as perguntas que nunca foram feitas."

Lara fez uma viagem para se encontrar com sua avó, Masha. Queria saber mais sobre a infância da avó e esperava encontrar suas próprias respostas lá.

Masha cresceu em uma família caótica com recursos muito escassos. Seus pais saíam para trabalhar de manhã e só voltavam tarde da noite. Sua irmã mais velha, que tinha 13 anos, cuidava dos seus irmãos. Masha contou a Lara que ela sempre sentiu que sua mãe não a queria. Que, lá no fundo, sua mãe se arrependia de ter tido tantos filhos. Masha foi uma menina tímida e uma boa aluna. Tirar notas boas na escola era sua maneira de se sentir especial e valiosa.

Certa noite, quando Masha tinha 10 anos, ela teve um pesadelo. Ela tinha pesadelos com frequência, mas sabia que não podia acordar seus pais, senão eles ficariam irritados com ela. Ela foi até a cama do seu irmão de 15 anos. Seu irmão era o mais inteligente; ele era engraçado, corajoso e aquele que ela mais admirava.

Ele a beijou.

A partir de então, seu irmão passou a ir até a sua cama a cada poucas noites. Ela fingia que estava dormindo e não fazia barulho. Ele a tocava gentilmente, nunca machucando-a. De manhã, eles se comportavam como se nada tivesse acontecido.

Foi só quando Masha fez 13 anos e teve sua primeira menstruação que sua mãe lhe disse com todas as letras que ela não deveria mais deixar seu irmão ficar na cama dela.

"Quer dizer que a mãe dela sabia?", não pude deixar de interromper Lara, que ainda estava abalada com o que havia descoberto.

Lara fez que sim com a cabeça. "Sim, mas elas nunca conversaram sobre isso. Ela nunca contou para ninguém."

Experiências não processadas sempre encontram uma maneira de voltar à vida, de serem reencenadas vez após vez. A lembrança reprimida de Masha voltou à vida do jeito típico das lembranças reprimidas. Elas invadem a mente assim do nada, ativadas por eventos posteriores. No caso de Masha, Ethan e Lara a faziam se lembrar dela e do seu irmão mais velho. Essa relação íntima entre um irmão e uma irmã despertou suas próprias lembranças reprimidas, e ela sentiu a necessidade de dar a Lara a proteção que ela mesma nunca teve, de ser a mãe que ela sempre quis ter. Seu pedido de que o cabelo de Lara fosse cortado curto foi uma tentativa de protegê-la, assim como Masha acreditava que protegera sua filha, Hanna, quando ela se tornou uma mulher. Por meio de Lara, Masha reviveu seu próprio abuso sexual, o qual ela nunca pôde processar por completo.

O abuso sexual é uma das experiências traumáticas mais confusas de que se tem conhecimento. O aspecto intergeracional do abuso sexual é único no modo como cada geração sobrecarrega a próxima e inflige o drama do seu trauma sexual sobre ela.

O mundo da geração seguinte costuma ser sexualizado da mesma forma que a vítima foi sexualizada enquanto era criança. Os filhos se sentem inundados pela sexualidade não integrada e pelos limites perplexos dos pais. Tal como Lara descreveu, coisas inocentes e triviais, como a calcinha que ela usava para ir dormir, estavam repletas de significado sexual. O adulto — neste caso, a avó de Lara — que procura entender seus próprios sentimentos costuma transmitir sua confusão à criança sobre o que é seguro e o que não é. A confusão original entre a inocência e a perversão é refletida na geração seguinte, sendo que a sedução, a promiscuidade e a proibição se misturam. Os membros da geração seguinte costumam relatar que cresceram com um sentimento constante e vago de violação que só mais tarde, na terapia, entendem estar relacionado à violação original de limites que aconteceu na história de abuso sexual da sua família.

No seu artigo "Mães Perseverantes, Conhecimento Constante: Sobre o Estupro e a História", a Dra. Judith Alpert descreve como o abuso sexual pode adentrar a mente da geração seguinte. Usando sua própria experiência de infância, ela fala sobre como pensamentos e "lembranças" traumáticos podem ser transmitidos dos pais e avós e entrar na mente da criança como sendo seus. Esse fenômeno deixa todos — a criança e seus responsáveis — com uma sensação de confusão que está no âmago do abuso sexual. No caso de Lara, nosso desafio é pensar em todas as gerações — a avó, a mãe e a filha — como vítimas do abuso sexual ou da herança intergeracional dele.

Masha, que estava revivendo seu próprio trauma não processado, devastou sua família por achar que o irmão de Lara estava abusando sexualmente dela. Lara ficou cada vez mais sobrecarregada. Era como se estivesse revivendo os sentimentos reprimidos da sua avó. Por causa da ruminação constante da família e pela introdução prematura do sexo, Lara sentiu a intrusão no seu corpo e, assim, a cena do abuso sexual foi repetida.

"Quando me sentei com minha avó na semana passada e ela me contou sobre sua infância, eu chorei. Ela não", disse Lara, com lágrimas escorrendo pelo seu rosto. "Eu tentei ouvi-la assim como você me ouve, e ajudá-la a entender que ela poderia me contar qualquer coisa e que eu não a julgaria, que eu realmente queria conhecê-la.

"A certa altura, ela parou e disse que não queria mais falar sobre isso. Mas continuou falando e eu não disse nada. Ela começou a se culpar, dizendo que foi ela que foi para a cama dele primeiro. Então, ela começou a questionar sua memória e disse que tudo isso parecia pior do que realmente era, que as coisas eram diferentes naquela época.

"Antes de irmos dormir, ela me preparou uma xícara de chá, a qual me deu com uma fatia de bolo de chocolate que havia feito para mim.

"'Eu sei o quanto você gosta de chocolate', comentou ela e me abraçou. Então, ela me segurou pelos ombros, certificando-se de que eu estava olhando para ela. 'Lara, por favor, não leve meus problemas com você', pediu ela. 'Eu não quero que você fique triste porque coisas ruins aconteceram comigo. Coisas muito piores acontecem com muita gente. Essa é a vida; minha vida não é tão especial.'

"'Você precisou guardar esse segredo por muitos anos, vovó', disse eu, e a abracei o mais apertado que pude. Mas ela continuou meneando a cabeça. 'Eu não guardei um segredo. Era só uma coisa da qual eu nem sempre me lembrava. O segredo guardou a si mesmo.'"

"Acho que encontrei minha 'busca por mim mesma'", afirmou Lara ao enxugar as lágrimas.

Ela continuará estudando os efeitos perturbadores e traiçoeiros do incesto e do abuso sexual sobre a geração seguinte, aqueles aspectos que são difíceis de pesquisar por parecerem experiências irracionais, confusas e não formuladas, mas as quais Lara vivenciou durante sua própria infância. Reconhecemos que uma maneira de lutar contra essa transmissão de geração para geração é processar essas experiências e ajudar outros a processá-las também. Nossos demônios tendem a desaparecer quando acendemos as luzes.

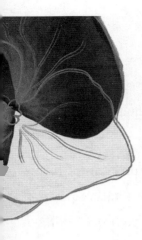

3

SEXO, SUICÍDIO E O ENIGMA DO LUTO

"Fui amaldiçoado", sussurrou Leonardo, olhando bem nos meus olhos. "Entende o que quero dizer?" Ele mesmo conclui decisivamente: "Você entende. É claro que entende."

Leonardo havia começado a fazer terapia comigo há dois anos, logo depois de terminar com seu parceiro, Milo. Nos primeiros meses, ele não conseguia parar de chorar. Ele disse que, embora soubesse que ele e Milo não se davam bem, a dor era intolerável.

Dois anos haviam se passado e sua dor não havia diminuído. Ele ainda se sentia paralisado, perdido. Ele me disse que ainda não estava pronto para sair com ninguém e que tinha medo de permanecer triste para sempre.

"De certa forma, estou travado", prosseguiu ele, e concordamos que, neste ponto, parecia que sua dor não era mais apenas sobre Milo. Tentamos entender o que foi que ele perdeu quando seu relacionamento terminou.

As separações são mortes emocionais pelas quais precisamos ficar de luto. Nos términos, sempre perdemos mais do que apenas a pessoa que amamos. Perdemos uma vida, um futuro, tudo com que sonhávamos e esperávamos. E embora saibamos *quem* perdemos, talvez não entendamos *o que* perdemos.

Leonardo e eu estávamos tentando entender pelo que ele continuou de luto.

"Eu quero seguir em frente", afirmou. "Milo e eu estivemos juntos por apenas um ano e já estou de luto por isso há dois anos", observou, irritado. "Eu gostaria que pudesse programar meu cérebro e apagar partes da minha memória para que eu pudesse esquecer meu passado e seguir em frente."

Entendo que a dor constante o faz desejar poder apagar o passado e nunca mais olhar para trás. Ele se sente assombrado pelo passado. Mas o porquê ainda não havia se tornado claro para nenhum de nós.

"Eu não amo mais o Milo. Mesmo assim, sinto que perdi uma parte de mim mesmo e que, agora, devo viver sem ela. E isso dói demais", disse. "Como as pessoas se recuperam de uma perda sem sentir que uma parte de si mesmas se foi para sempre? Elas se recuperam por completo?", perguntou, adentrando diretamente no enigma do luto.

Freud sempre se mostrou incerto em como estruturar suas ideias sobre a perda. Uma das perguntas que ele estava sempre investigando era o quanto as pessoas conseguem abrir mão dos seus entes queridos ou se elas sempre mantêm uma parte delas conectada ao objeto de amor.

As ideias de Freud eram influenciadas pelo seu desejo de entender a própria dor. Ele teve de suportar perdas dolorosas, incluindo a morte da sua filha, Sophie, devido a complicações com a gripe espanhola e a trágica morte do seu amado neto de 4,5 anos, Heinele. Segundo seus biógrafos, a morte do seu neto foi a única ocasião da vida de Freud na qual ele derramou algumas lágrimas e descreveu a si mesmo como deprimido.

Primeiramente, Freud explicou que o processo do luto tinha a ver com abrir mão e quebrar o vínculo com aquele que perdemos. Sob essa perspectiva, um processo saudável existe quando o desejo de viver é mais forte do que o desejo de se reunir com o falecido (o que ele chamou de "pulsão de morte"). Então, lentamente nos desligamos dele e liberamos nossa "catexia", a energia investida na pessoa perdida.

Posteriormente, Freud trabalhou suas ideias para diferenciar o luto da melancolia. Ele descreveu que, no luto, o mundo parece pobre e vazio, ao passo que, na melancolia, a pessoa se sente pobre e vazia. Ela perde o interesse pelo mundo exterior, a capacidade de amar e sua autoestima é reduzida. Essa melancolia, segundo Freud, é um processo inconsciente no qual, em vez de se desligar e retirar as emoções investidas na pessoa morta, o melancólico preserva e mantém essa pessoa viva dentro de si por se identificar com o falecido. Se a pessoa está em mim e eu estou nela, então não há perda. Manter a pessoa engaiolada dentro de nós nega a perda. Por outro lado, a pessoa melancólica será mantida cativa por esse processo para sempre. Em resultado disso, ela perde partes do seu próprio investimento na vida e na vitalidade.

Embora essas duas categorias de Freud — de luto e melancolia — tenham sido definidas como opostas, na realidade, ambas as condições se manifestam de formas diferentes em pessoas diferentes. O processo do luto possui diversas camadas, e uma certa identificação com a pessoa que perdemos, seja na morte ou em uma separação, sempre acontecerá. Assim como Leonardo, várias pessoas sentem que perderam parte de si mesmas com seus entes queridos. Mas sentem que estão morrendo com o falecido e lutam contra a identificação melancólica com aqueles que perderam.

A pergunta que Freud e vários depois dele tentaram explorar era: "Como é um luto saudável e quanto dos nossos entes queridos podemos realmente deixar para trás?"

Em 1929, Freud escreveu uma carta para o psiquiatra suíço e fundador da psicanálise existencial, Ludwig Binswanger, dizendo:

> Sabemos que a dor aguda que sentimos após uma perda diminuirá, mas também sabemos que permaneceremos inconsoláveis e que nunca encontraremos um substituto. Independentemente do que preencha o vazio, e mesmo que ele seja preenchido por completo, ele continuará sendo outra coisa. E, na verdade, é assim que deve ser. Essa é a única maneira de perpetuarmos esse amor do qual não queremos abrir mão.

Nessa carta, Freud enfatiza que a pessoa amada sempre existirá, mesmo enquanto preenchemos o vazio da sua ausência aos poucos. Uma parte de nós continua, e outra parte mais oculta continua sendo "um algo a mais", permanecendo conectada e leal a esse amor.

A vida continua e visitamos e revisitamos nossas separações e perdas. Ficamos de luto por elas vez após vez, sempre de uma perspectiva diferente. Pensamos nelas, descobrimos novas camadas e as processamos de ângulos diferentes. Aceitamo-las e atribuímos novos significados a elas.

O processo de separação exige que abramos mão aos poucos do vínculo com a outra pessoa. Em muitos casos, o que é chamado de "luto melancólico" é o resultado de uma perda que não conseguimos entender por completo e, assim, abrir mão. Leonardo e eu nos perguntamos de que forma ele tentou ficar de luto por algo que ainda não conseguia entender ou identificar totalmente. É impossível ficar de luto por uma perda não reconhecida. Ainda assim, sem o processo de luto, nossa vida fica presa à morte.

"Sabe aquilo que eu sempre digo? Que me sinto amaldiçoado?", perguntou Leonardo, iniciando a próxima sessão com irritação. "Agora Milo me persegue até nos meus sonhos."

Ele relata que sonhou com Milo novamente. No sonho, Milo estava batendo na porta do banheiro, chamando-o.

"Eu nem sei o que esse sonho significa", comentou. "Ele batia naquela porta, com firmeza, tentando me obrigar a abri-la." Agora ele parecia zangado. "Ele estava me obrigando a sair."

"A sair", repeti suas palavras, e ambos reconhecemos a associação com o fato de ele ser gay.

"Você sabe que, na minha família, ser gay nunca foi um problema. Sempre achei que minha mãe ficava feliz com o fato de eu nunca levar garotas para casa, e meu pai, até seus últimos dias, mostrou que aceitava minha decisão. Ele costumava dizer que o importante é que eu fosse feliz." Leonardo pensou por um momento e acrescentou: "Honestamente, eu acho que ele dizia isso porque seu pai havia cometido suicídio enquanto ele ainda era criança. Ele só queria que eu fosse feliz. Ele tinha medo da tristeza."

Eu sabia do que ele estava falando. O avô de Leonardo cometeu suicídio enquanto seu pai, Jim, ainda era uma criança. Poucos dias antes do seu aniversário de 40 anos, ele se trancou no banheiro e se enforcou. Seu filho de 9 anos, Jim, bateu na porta e, depois, saiu correndo atrás da sua mãe, chorando. Quando o encontraram, já era tarde demais.

"Durante anos, esse foi o nosso segredo de família", contou Leonardo. "Minha avó nunca contou a verdade às pessoas. Ela dizia que ele havia morrido de repente. Se alguém insistisse, ela mentia e dizia que ele havia tido um ataque cardíaco no banheiro e se afogado. Eles tinham muita vergonha disso, como se significasse alguma coisa terrível sobre nós."

"Que segredo para guardar!", observei. Leonardo concordou com a cabeça. "O que você acha que esse sonho significa?", perguntou.

"No seu sonho, é Milo que bate na porta do banheiro", respondi.

Leonardo pareceu um pouco perdido. "Sim. Ele me implora para abrir a porta, da mesma forma que imagino que meu pai implorou quando era criança. Que estranho. O que acha que isso significa? Como meu término com Milo está relacionado com o suicídio do meu avô?"

Eu ainda não sabia a resposta. Mas, assim como Leonardo, eu também entendi que, nesse sonho, seu pai havia sido substituído por Milo batendo na porta do banheiro. Eu lhe pedi para me falar mais sobre isso.

"Acho que, lá no fundo, meu pai sabia que o pai dele não era feliz e que não queria viver", refletiu Leonardo. "Não estou dizendo que ele achava que seu pai se mataria, mas a verdade é que, por anos, meu pai se sentiu muito culpado, como se ele pudesse tê-lo salvado. Ele me contou essa história diversas vezes; até nos últimos anos da sua vida ele ainda falava sobre isso. Diferentemente da minha avó, ou talvez para compensar o fato de ela tentar esconder o que aconteceu, meu pai se recusava a manter isso em segredo. Acho que eu tinha uns 5 anos quando lhe perguntei como seu pai havia morrido, e ele me contou a verdade. Acho que ele não queria que eu crescesse com segredos."

"Poderia me contar essa história de novo?", pedi. "Me conte o que o seu pai se lembrava sobre o dia em que seu avô morreu."

"Meu pai me contou essa história tantas vezes que consigo vê-la na minha mente como se fosse um filme que eu estivesse assistindo", explicou ele. "Eu o imagino batendo na porta, chamando seu pai, implorando que ele abrisse a porta. E o vejo chorando no travesseiro à noite, se culpando por não ter salvado a vida do seu pai: se ele tivesse sido mais forte, ele poderia ter arrombado a porta; ou se seu pai o tivesse amado o suficiente, ele não o teria abandonado."

Os olhos de Leonardo se encheram de lágrimas. "Essa é uma coisa muito extrema de se fazer", refletiu, "se matar quando se tem três filhos em casa. Não sei. Gostaria de me sentir mal pelo meu avô, mas o que mais sinto por ele é raiva."

O suicídio, em especial o suicídio de um pai, exerce um grande efeito sobre os membros da família que continuam vivendo. Os membros imediatos da família são sobrecarregados com sentimentos conflitantes de devastação, tristeza, raiva e vergonha. Eles se sentem tão culpados que, para superar, projetam esse sentimento para o mundo exterior. A culpa se transforma em acusação, e a pergunta — quem é o culpado? — costuma ser a via principal para aliviar a culpa insuportável.

Tradicionalmente, o suicídio é explicado como um redirecionamento contra o eu de um impulso assassino originalmente direcionado a outros. Esse ato de destruição resulta em uma carga que é herdada pelas gerações seguintes, as quais terão de lidar com os fantasmas do suicídio. Elas lutarão contra a escuridão da alma, contra segredos enterrados do passado e, muitas vezes, contra seus próprios desejos suicidas. Muitas delas investirão excessivamente no bem-estar de outros como uma forma de compensar pela culpa não processada. Sua fantasia pode ser salvar outros de formas que não conseguiram salvar a pessoa que se matou.

O suicídio pode se tornar um mito de família — em geral, repleto de perguntas não respondidas.

Refleti em voz alta: "Qual seria a história por trás do suicídio do seu avô? Por que ele se matou?"

"Muitas vezes, me pergunto a mesma coisa", respondeu Leonardo. "Vou lhe contar a teoria mais louca que tenho", disse ele. Porém, ele fez uma pausa e ficou em silêncio por um bom tempo.

"Parece que você está guardando um segredo", observei.

Leonardo sorriu. "Não diria que é segredo. É uma coisa sobre a qual costumava brincar com Milo, uma ideia maluca que sempre tive: que meu avô, na verdade, era gay, e que seu suicídio não era o verdadeiro segredo que minha família estava guardando, e sim sua sexualidade."

Leonardo vai embora e fico com a impressão de que existem camadas de verdade que ainda não foram reveladas, fatos não mencionados sobre sua história de família, bem como uma identificação oculta que ele tem com seu avô e com o que ele acredita que levou à sua morte. Essa identificação subjacente fez com que Leonardo embarcasse em uma missão inconsciente, a qual localizei no seu sonho — libertar sua família da vergonha e do destino da autodestruição.

Nas sessões seguintes, Leonardo e eu adentramos a história da sua família, tentando explicar sua identificação secreta com seu avô: o sentimento de que seu falecido avô vivia nele e que Leonardo precisava viver algo por ele e por sua família.

Havia muitas perguntas não respondidas, mas percebi que, quanto mais falávamos sobre a sexualidade do seu avô, menos espaço Milo ocupava na sua mente. À medida que o tempo passou e seus sintomas de depressão diminuíram pouco a pouco, Leonardo teve certeza de que havia descoberto o segredo da sua família, e ele havia decidido que era hora de saber a verdade.

"Eu não queria sentir que era louco e que havia criado todas essas teorias sobre a minha família", disse-me ele certa manhã, descrevendo como havia decidido interrogar sua tia no casamento do seu primo na noite anterior.

"Minha família inteira estava lá: minhas duas tias — as irmãs mais novas do meu pai — e seus filhos. Eu realmente gosto da minha família e estava feliz em vê-los. E, como você sabe, eu amo casamentos." Ele sorriu. "O páthos de 'para sempre, até que a morte nos separe' não é romântico?" Leonardo estava alegre, e reconheci sua fantasia sobre romance e morte.

"Minhas tias eram bastante íntimas da minha avó, e achei que essa era a minha chance de descobrir algo sobre os anos antes do meu avô morrer e de saber o que era apenas minha imaginação e o que era real. Posso te dizer o seguinte: a boa notícia é que eu não sou louco. A má notícia é que a verdade é pior do que eu imaginava.

"Após a cerimônia, uma das minhas tias se aproximou de mim em prantos e lamentou que meu pai não tinha vivido o suficiente para celebrar esse dia conosco. Ela me disse que pensou nele a noite toda. Essa era a oportunidade que eu queria. Eu lhe perguntei se ela também estava triste com o fato de seu próprio pai não ter vivido o suficiente para ver seus filhos e netos.

"'Que ele descanse em paz', respondeu ela. 'Eu era um bebê. Eu não sabia o que era crescer com um pai. Sabe, seu pai, meu irmão mais velho, foi como um pai para mim.'

"Então lhe perguntei diretamente: 'Por que ele se matou? A senhora sabe?' Minha tia não hesitou. 'Leo, os tempos eram diferentes. Havia muito drama. Ele não podia viver sua vida do jeito que queria, como você.'

"Fiquei tão feliz com o fato de você e eu estarmos falando sobre isso há tanto tempo", disse-me Leonardo. "Porque pude ir direto ao assunto. Eu sabia do que ela estava falando. De início, fiquei irritado porque achei que ela estava dizendo que os gays são livres hoje em dia para serem eles mesmos, o que, obviamente, não é totalmente verdade. Eu tentei lhe dizer isso, mas ela me interrompeu.

"'Ele tinha esse segredo e minha mãe descobriu. Ela estava grávida de mim quando descobriram que ele fazia sexo com homens. Minha mãe nunca me disse como tudo isso veio à tona. Só sabia que tudo isso virou um escândalo. Eu nasci alguns meses depois e, então, meu pai se matou.'"

Leonardo fez uma pausa. "Dá para acreditar?", perguntou ele. "De início, eu senti alívio. Pensei: 'Ainda bem que não estou louco.' Mas depois, pensei: 'Ah, meu Deus. Pobre vovô. Como isso deve ter sido terrível para ele.' Então, fiquei com muita raiva da minha tia por ela dizer que ele fazia sexo com homens. Que coisa desdenhosa de se dizer, como se ele não fosse uma pessoa plena com sentimentos."

Leonardo pausou novamente. Ele não olhou para mim. Ficamos sentados em silêncio por um longo minuto antes de ele prosseguir.

"Agora entendo por que foi tão importante para o meu pai se certificar de que eu sabia que ele aceitava minha homossexualidade. Sempre achei que tivesse alguma coisa a ver com o suicídio do seu pai, só não sabia como. E lhe digo mais: acho que meu avô estava apaixonado por um homem e foi por isso que ele se matou. Acho que ele estava em um relacionamento e que foi obrigado a terminá-lo. A família reduziu tudo a sexo, fazendo com que tudo parecesse sujo e pudessem classificar a situação como ruim. Mas se tratava da sua identidade. Era sobre amor e perda. Entende?"

Leonardo ergueu a cabeça e me encarou. Eu pude ver as lágrimas nos seus olhos.

"Meu sonho era sobre isso", concluiu. "O desejo do meu pai de salvar o pai dele de um término de relacionamento que se parecia com a morte."

"De uma morte pela qual seu avô não podia ficar totalmente de luto", acrescentei.

A filósofa Judith Butler descreve a ideia de "passibilidade de luto" — a noção de que algumas coisas, vidas ou relacionamentos não são considerados valiosos e que, portanto, se forem perdidos, essa perda não será registrada como tal. Apenas as vidas reconhecidas pela cultura como valiosas são consideradas dignas de luto. Algumas vidas, alguns amores, algumas raças, orientações sexuais e identidades são vistas como menos valiosas ou nem sequer são reconhecidas como vidas. Butler escreveu: "A passibilidade de luto é a pressuposição das vidas que importam."

Não podemos ficar de luto por aquilo que não é considerado vivo. Quando o amor não é reconhecido como tal, ele não se torna passível de luto e é tido como um mistério inconsolável.

Como no caso de Leonardo, a perda pela qual não podemos ficar totalmente de luto continua vivendo de forma bruta no inconsciente das gerações seguintes. Elas deverão processar perdas antigas que não pertencem inteiramente a elas e ficarão de luto por aquilo que, originalmente, não seria lamentado.

Leonardo e eu começamos a juntar as peças do quebra-cabeça da perda de Milo: a luta do seu avô com a homossexualidade e sua identidade; sua inabilidade de ficar de luto pela perda do seu amor ilícito; seu suicídio, que deixou um garotinho — Jim — devastado para trás, o qual acreditava que, caso seu pai o tivesse amado o suficiente, não o teria deixado.

Muitas camadas de perda não processada. Um segredo conhecido que ocultava outro segredo, proibido.

Por anos, o pai de Leonardo guardou o presente que havia feito para o aniversário do seu pai, alguns dias antes de morrer. Ele havia feito um pequeno vaso de cerâmica na vã esperança de que isso o alegrasse por um dia e o mantivesse vivo. Jim guardou esse vaso durante a sua infância e, então, pelo resto da vida. Quando Jim morreu, Leonardo o herdou. Ele o guardou em uma prateleira do seu armário.

Mas ele não herdou apenas o vaso. Ele também herdou o trauma e as perdas das gerações anteriores, perdas não processadas que foram guardadas no seu armário e que, simbolicamente, viveram com seus próprios pertences, até que ficou difícil demais diferenciar o que era dele e o que não era.

Leonardo apanhou sua mochila. "Talvez eu não seja amaldiçoado afinal", ponderou ele ao sair pela porta. "Talvez essa seja apenas uma história triste com um final de esperança."

NA SESSÃO SEGUINTE, ele entrou parecendo satisfeito. "Eu tive uma boa semana e até conheci uma pessoa", contou ele. "Me sinto animado."

Ele abriu sua mochila. "Também trouxe algo para te mostrar." Tirou uma caixinha embrulhada em camadas de jornal. "Eu precisava trazê-lo só para te mostrar como é bonito."

E lá estava ele: o vasinho azul de cerâmica, o vaso do seu pai.

"Durante anos", prosseguiu Leonardo, "imaginei meu pai garotinho segurando este presente que havia feito na escola para o aniversário do pai dele na sua cor favorita: azul. Este presente que vi tantas vezes na minha infância e que guardei no meu armário após a morte do meu pai".

Leonardo pausou e expirou profundamente em alívio. "Foi só depois da nossa última sessão", continuou, "que percebi para que eu o estava usando".

Ele me entregou o vaso e vi que, dentro dele, havia três abotoaduras sem par.

Encarei Leonardo, intrigada.

Ele me explicou que sempre guardava nele as abotoaduras que haviam perdido seu par.

Olhamos um para o outro, Leonardo deu de ombros e sorriu. "Elas estavam esperando durante todos esses anos pela volta dos seus entes queridos."

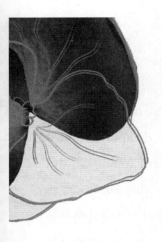

4

A RADIOATIVIDADE DO TRAUMA

EM ISRAEL, o Dia da Lembrança do Holocausto, ou Yom HaShoá, é um feriado nacional.

Anualmente, em meados de abril, todos fazem dois minutos de silêncio. Às 10h, todas as crianças estão de pé em círculos nos pátios das escolas, esperando pelo som da sirene de ataque aéreo, indicando que o silêncio deve começar. Todos param de fazer o que quer que estejam fazendo. Os pedestres param de andar, aqueles que estão em restaurantes param de comer e se levantam, e, nas rodovias mais movimentadas, todos os motoristas param nos acostamentos e saem dos carros para ficar em pé. É hora de se lembrarem dos 6 milhões de pessoas que foram assassinadas durante o Holocausto.

Quando éramos crianças, aprendemos que coisas terríveis podem acontecer com as pessoas. Essa não era uma declaração explícita, mas um fato que — como a pimenta na comida — se tornou um ingrediente comum das nossas vidas. Em quase todos os prédios de apartamentos havia alguém de "lá", da Europa da Segunda Guerra Mundial, um sobrevivente do Holocausto. Em geral, nós sabíamos quem eram essas pessoas, mesmo que não conhecêssemos sua história, mesmo que não tivéssemos visto os números tatuados nos seus braços, mesmo que tivéssemos medo delas, devastadas pelas suas histórias de vida.

Nos pátios das escolas, quando a sirene começava, tentávamos não olhar ninguém nos olhos, imitando os professores, que mantinham as cabeças abaixadas. Fazíamos o máximo para ficar sérios, para sentir tristeza, para pensar nos campos de concentração, nas câmaras de gás, para imaginar nossas próprias famílias lá. Aprendemos que era importante não nos esquecermos. Mas, por mais que nos esforçássemos, quando a sirene começava a tocar, alguma das crianças inevitavelmente começava a rir. Então cobríamos o rosto, tentando não cair na gargalhada.

Risos de nervoso durante a sirene do Dia do Holocausto são uma lembrança de infância familiar de pessoas que cresceram em Israel, onde histórias terríveis fazem parte da identidade nacional e um tipo especial de humor ácido caracteriza as gerações mais jovens.

Anos mais tarde, em Nova York, longe da minha terra natal, fiquei surpresa com quantos dos meus pacientes são da segunda ou da terceira geração de descendentes de sobreviventes do Holocausto. Todas

A RADIOATIVIDADE DO TRAUMA

essas pessoas altamente funcionais, bem-sucedidas e produtivas têm algo em comum: os fantasmas da perseguição, que surgem de formas imprevisíveis e nos momentos mais inesperados. Sob a superfície, elas carregam o trauma e a culpa dos sobreviventes.

Desde a infância, aprendi que ter visões e sonhar acordado com o Holocausto era algo comum nas suas mentes, até mesmo — e em especial — no caso de pais que nunca falaram sobre o que aconteceu com os membros da sua família durante a guerra. As lembranças do Holocausto vivem dentro deles, até quando não estão cientes disso, e esses pensamentos e visões invasivos costumam ser minimizados. Às vezes, só descubro que eles existem depois de anos de terapia.

Quando suas histórias são contadas, reconhecemos como elas moldaram suas vidas atuais. Identificamos como o passado continua a se manifestar no presente e como as pessoas vivem e revivem as histórias não contadas das suas famílias.

O AVÔ DE Rachel foi um sobrevivente do Holocausto. Ela mencionou isso brevemente durante nossa primeira sessão quando lhe perguntei sobre a história da sua família, mas ela achou que isso não era relevante na sua vida atual. Esse definitivamente não era o motivo de ela ter vindo fazer terapia.

"Tantas coisas aconteceram com a minha família desde então. Tantas coisas boas. Não há mais nada a dizer." Rachel sorriu e se desculpou. "Toda família tem algum trauma. Essa é a nossa história, e aconteceu há tanto tempo. Quanto tempo se passou desde a Segunda Guerra Mundial?" Ela me encarou e respondeu logo em seguida: "Mais de 70, eu acho. Faz muito tempo. Meus avós já faleceram", observou.

O avô de Rachel nasceu em Budapeste e sobreviveu a Auschwitz. Quando a Segunda Guerra Mundial terminou, ele imigrou para os Estados Unidos, onde conheceu a avó de Rachel, que vinha de uma família judia que havia fugido da Europa quando a guerra começou. Eles se apaixonaram e, um ano depois, a mãe de Rachel, sua única filha, nasceu. Seu avô nunca falou sobre o que havia acontecido durante a guerra e sua mãe descreveu sua infância como uma infância normal no subúrbio norte-americano.

Por fora, o trauma da sua família havia acabado quando seu avô saiu da Europa e deixou o passado para trás. Rachel começou a fazer terapia para falar sobre outros problemas, para discutir sua ambivalência sobre ter filhos, um assunto que era uma fonte de tensão com seu marido, Marc.

Eu sempre procuro entender as escolhas de vida dos meus pacientes — por que eles escolheram fazer ou não fazer sexo, ter ou não ter certos relacionamentos, uma família ou uma carreira. Ao passo que a narrativa se desenvolve, a diferença entre o que as pessoas querem ter e o que elas conseguem tolerar ter se torna evidente. Por que tantas pessoas desejam o amor, mas não conseguem encontrá-lo? Querem uma carreira, mas não conseguem ser bem-sucedidas? Querem seguir em frente, mas ficam presas no mesmo ciclo vez após vez?

Não é incomum que as pessoas não consigam mais lidar ou tolerar ter o que elas acham que querem. Por trás do desejo de ter ou não ter costuma haver outra camada que orienta nossas vidas. Uma parte invisível e inconsciente de nós pode se opor às nossas metas conscientes e até atacá-las ou prejudicá-las. Na verdade, tudo o que não sabemos conscientemente sobre nós mesmos tem o poder de controlar e guiar nossas vidas, assim como as correntezas por baixo da superfície do oceano são as forças mais poderosas.

Tornamo-nos conflitantes em especial quando o assunto são as mudanças. Por trás do desejo de ganhar dinheiro, ter uma carreira ou ter filhos, podemos encontrar a resistência a mudanças, uma ambivalência oculta sobre crescer e uma luta contra a separação e as perdas. Queremos um relacionamento romântico e, ao mesmo tempo, resistir a ele ou rejeitá-lo, em geral porque precisamos nos proteger contra nos tornarmos vulneráveis, sermos abandonados, ficarmos fora de controle ou sermos consumidos. Algumas pessoas são inconscientemente leais às suas famílias de origem (em especial se veem suas famílias como superiores às outras), o que dificulta seu processo de pertencerem a outras pessoas. Outras se sentem emocionalmente responsáveis por um dos seus pais e, consequentemente, sentem a ansiedade de se separarem deles e deixá-los. Elas mantêm sua estrutura de infância e ficam preocupadas com a ideia de mudar de posição, mantendo-se leais aos mitos e legados das suas famílias.

Quando algo muda na nossa vida, é como se estivéssemos nos despedindo um pouco do passado: da nossa infância, dos papéis de família e de nós mesmos. Para nos desenvolver e criar precisamos nos separar e viver o futuro em vez de nos apegar ao passado. Um passado não processado não nos permitirá seguir em frente. Ele nos colocará na posição de guardiões da nossa história.

A busca por suas verdades fez com que Rachel questionasse seus dilemas. Ela queria saber quem realmente era e quais eram as forças ocultas que orientavam sua vida. Perguntávamo-nos quais partes dos seus sentimentos sobre ter filhos eram autênticas e quais eram defensivas. Quando o assunto é ter filhos, nós, os terapeutas, precisamos tomar muito cuidado para não confundir normas sociais com metas psicológicas. Nosso objetivo é libertar as pessoas para tomarem decisões. A liberdade para escolher é uma conquista terapêutica.

"Por que eu desejaria trazer uma criança para este mundo?", foi a resposta de Rachel a uma pergunta que eu não havia feito, aprofundando-se em um complexo dilema que só entenderíamos completamente mais tarde.

Neste ponto, o conflito entre ter ou não filhos parecia existir apenas entre Rachel e seu marido. Marc achava que eles deveriam ter um filho, mas ela se sentia incerta, confusa e ambivalente. Porém, não demorou para que o conflito interno de Rachel se tornasse aparente, e ficou claro que tanto a voz positiva quanto a negativa pertenciam a ela e que ela estava em conflito consigo mesma. Ter ou não ter?

Ela falou sobre seus medos. "Este mundo é um lugar terrível para se trazer bebês", afirmou. Então, começou a falar alto. "Francamente, o que eu poderia oferecer ao meu filho? Um mundo de guerras? Um planeta que será destruído? Racismo, ódio e violência? O que os meus filhos poderão oferecer aos filhos *deles*? Seria muito egoísmo achar que este universo precisa de mais crianças quando tantas delas já vivem na miséria."

Ela me falou sobre seu plano de deixar Nova York e ir morar em outro país. Ela achava que talvez ela e Marc seriam mais felizes em outro lugar.

"Aonde você gostaria de ir?", perguntei.

"Para Israel", respondeu ela imediatamente. A expressão na minha face deve ter refletido minha surpresa, pois ela acrescentou: "Sei que você veio de lá. Não é por sua causa que gostaria de me mudar para lá. Eu sempre quis morar em Israel, desde que era uma jovenzinha. Não sei por quê."

Rachel me contou que a terra natal que deixei para trás é a terra prometida da sua fantasia.

"Se eu tivesse um filho, gostaria que ele morasse lá. Sabia que todas as crianças de Israel aprendem sobre o Holocausto?", perguntou ela.

Houve um momento de silêncio. Lembrei-me do pátio da escola e de como todos nós ficávamos lá, em pé, esperando pela sirene. Lembrei-me da sobrevivente do Holocausto que visitou nossa classe quando eu estava na segunda série. Ela nos falou sobre sua infância. Ela nos disse que, quando tinha nossa idade, ela caminhava descalça na neve por horas, uma história que todos mencionavam toda vez que alguém reclamava que estava com frio.

"Você nunca sobreviveria ao Holocausto", dizíamos um ao outro, de brincadeira.

Lembrei-me de que, na quinta série, durante o recreio, as crianças faziam uma lista de todos os lugares onde as pessoas se escondiam dos nazistas. Falávamos sobre onde nos esconderíamos, e pensei nas histórias de mães tentando acalmar seus bebês para que eles não levassem o inimigo aos seus esconderijos. Não consegui dormir naquela noite. Pensei no meu irmãozinho chorando quando os nazistas entrassem no meu apartamento. No dia seguinte, decidi que praticaria me esconder com ele. Coloquei sua chupeta e alguns brinquedos em uma bolsa, e entrei com ele no closet do meu quarto. Ficamos lá pelo que me pareceu um tempão. Toda vez que ouvia um barulho, eu tentava acalmá-lo, certificando-me de que ele não indicasse nossa localização. Quando ouvia minha mãe chegando, saíamos e eu o colocava de volta no berço. Esse foi um segredo que guardei por muitos anos, o qual compartilhei com meu irmão quando se tornou adulto.

Os nazistas estavam sempre nos nossos pesadelos e, como crianças, tínhamos medo de que os homens maus nos encontrassem e nos matassem.

"Sim, toda criança em Israel sabe do Holocausto", respondi a Rachel. "Você gostaria de ter aprendido sobre ele quando era criança?"

"Sim. Eu gostaria. Eu tinha ouvido falar sobre ele quando era criança, mas não aprendi sobre a vida das pessoas nem ouvi suas histórias pessoais de sobrevivência. Não vi as fotos, como aquelas que vi anos depois de crianças em uniformes listrados. Só sabia que algo ruim havia acontecido com a minha família na Europa."

A família de Rachel tentou proteger seus filhos do seu próprio trauma e, assim, nunca falou sobre ele. Rachel sabia que alguma coisa terrível tinha acontecido, mas não sabia exatamente o quê. Ela sentia algo ruim que não conseguia colocar em palavras. Rachel esperava que uma história da sua família pudesse lhe dizer ou que uma foto pudesse ajudá-la a saber o que era real e o que era apenas um produto da sua imaginação.

Uma pergunta importante vinha à tona. É melhor que a geração seguinte dos sobreviventes de traumas — os herdeiros — saibam ou não saibam? Será que faz diferença, supondo que o trauma dos nossos antepassados entrará nas nossas mentes de qualquer maneira?

Esse dilema é a preocupação de muitos pais, que se perguntam qual será o impacto do seu sofrimento sobre seus filhos e procuram minimizar o dano. Os pais querem proteger os filhos de carregar sua dor, e os filhos tentam proteger os pais de terem que revelar e reviver seus traumas. O objetivo desse complô inconsciente entre pais e filhos é evitar a dor e contribuir para a repressão dessas experiências, que se tornam segredos não pronunciados.

A descrição de eventos traumáticos é esmagadora e pode resultar em um "trauma secundário", uma aflição emocional que acontece quando somos expostos ao trauma de outra pessoa. Relatórios ou imagens perturbadoras causam dor: eles reconstituem o evento traumático e traumatizam aqueles que não o vivenciaram diretamente.

Em Israel, após a Segunda Guerra Mundial, os sobreviventes não falaram sobre o Holocausto. Ser um sobrevivente era vergonhoso. Foi apenas anos mais tarde que falar sobre o Holocausto se tornou algo normal e uma parte inerente da cultura. Entretanto, ser exposto aos horrores do Holocausto desde a tenra idade não apenas ensina, mas também traumatiza, as crianças israelenses. Sem estarem plenamente cientes disso, elas vivem e revivem a história do Holocausto.

Lembrar e reconstituir o sofrimento faz parte da tradição judaica, o que é realizado por meio de diversos rituais, como o Sêder de Pessach, a Páscoa judaica, no qual a "lembrança" da escravidão e da libertação é revivida por meio dos nossos sentidos e ações. A reconstituição do trauma liga o passado e o futuro, nosso histórico e nosso destino. Faz com que vítimas passivas se tornem agentes ativos, que vítimas se tornem vitoriosas.

A identidade do Estado de Israel, fundado apenas três anos após o Holocausto, se baseia no trauma constante da perseguição dos judeus e no sonho de criar um lar seguro para eles. É essa dinâmica de transformar o passivo em ativo que abordo em mais detalhes no Capítulo 7, que procura libertar as vítimas do sentimento de derrota e impotência ao passo que nega sua própria agressão.

Por um lado, o dilema de celebrar o trauma exibe a necessidade de honrar as vítimas, sua identidade e seu legado, ao mesmo tempo em que procura evitar que esses crimes aconteçam de novo. Por outro lado, ele junta o passado, o presente e o futuro como se fossem apenas um. A geração seguinte será obrigada a se identificar com a anterior, e ficará presa ao trauma e às perdas daqueles que vieram antes dela.

Quando o assunto é falar sobre o trauma, sempre caminhamos sobre uma linha tênue entre o demais e o escasso, entre o que é explícito demais e o segredo, entre o que é traumatizante e o que é reprimido e, assim, ele permanece na sua forma bruta, não pronunciada. Em geral, ficamos presos no binário entre esses dois extremos porque, quando o assunto é o trauma, esse equilíbrio é sempre um desafio.

Rachel me disse que queria saber mais. A história da sua família foi silenciada e o trauma não processado da sua família se tornou um segredo reprimido, sem palavras ou pensamentos simbólicos associados a ele. Esses tipos de segredos vivem como estranhos na nossa mente, estranhos que não conseguimos identificar, tocar ou mudar, que são transmitidos para a geração seguinte como fantasmas que podem ser sentidos, mas não reconhecidos.

"Eu tinha medo de tudo quando era criança", conta Rachel. Ela fez uma longa pausa.

"Sabe, quando eu tinha 6 anos, comecei a dormir com uma faca debaixo do travesseiro", disse, baixinho. "Meus pais não sabiam disso. Era meu segredo. Me lembro da primeira vez que fiz isso. Era meia-noite e todo mundo estava dormindo. Fui até a cozinha. Olhei na gaveta, encontrei uma faca laranja e a levei para o meu quarto."

"Do que você estava com medo?", perguntei.

"Eu acordei por causa de um pesadelo naquela noite. No meu sonho, eu estava segurando um bebê, e alguém estava nos perseguindo. Eu devia proteger o bebê, então corri com ele nos braços." Ela me encarou e acrescentou: "Me lembro bem disso porque, depois dessa noite, eu tive esse sonho quase todas as noites, por muitos anos."

"Você se escondia com o bebê?", perguntei, lembrando-me de me esconder com meu irmãozinho.

"Não. Eu não conseguia encontrar um lugar para me esconder. Então eu só corria. Não conseguia encontrar nenhum abrigo, nenhum lugar onde conseguisse me sentir segura."

Imaginei Rachel correndo para se salvar com um bebê nos braços. Ela era apenas uma criança quando começou a ter esse sonho recorrente. À medida que conversávamos, várias perguntas começaram a surgir: quem era o bebê? Não seria a própria Rachel, que se sentia insegura no mundo? Do que e de quem ela estava correndo?

Ela não encontrava nenhum lugar para se esconder, e os bebês não estavam seguros naquele mundo.

Pedi-lhe para compartilhar quaisquer associações que lhe viessem à mente ao me contar esse sonho.

"Os nazistas." Fez que sim com a cabeça. "É a única coisa que me vem à mente. Talvez eu estivesse em Budapeste, fugindo deles. Eu dormia com a faca laranja toda noite. De manhã, eu a escondia na minha escrivaninha e voltava a colocá-la debaixo do meu travesseiro antes de ir dormir. Nunca contei isso a ninguém até agora."

"Você se sentia insegura então, e tem medo de trazer um bebê a este mundo inseguro agora. Você não quer que o bebê se sinta como você se sentiu quando era criança", concluí.

"Quero que meu filho se sinta seguro para me dizer qualquer coisa. E, se ele tiver medo, quero abraçá-lo e ajudá-lo a se sentir seguro."

Rachel começou a imaginar seu próprio filho. Quanto mais falava sobre seus temores de infância, mais ela entendia por que não conseguia suportar a ideia de ter um filho, supondo que ele acabaria vivendo como ela. Deixar de ter um filho era sua maneira de protegê-lo.

Ela suspirou. "Eu tinha que esconder meu pânico. Não podia contar a ninguém sobre ele. Não queria que achassem que havia alguma coisa errada comigo. Meu medo era meu maior segredo de infância", explicou.

Durante anos, Rachel sentiu que estava carregando um segredo proibido. Mas talvez — perguntei-me em voz alta — seu segredo fosse uma maneira de guardar os segredos dos outros.

"Qual era o segredo do seu avô?", perguntei.

Rachel não sabia a resposta. Ela me encarou com seriedade.

"Quem sabe", sussurrou ela.

Alguns meses mais tarde, Rachel ficou grávida. Ela deu à luz uma menininha que ela e seu marido chamaram de Ruth.

Eu estava animada quando ela veio ao meu escritório com Ruth, uma bebezinha com um lindo rosto. Ruth olhou para mim e sorriu.

"É claro que você está sorrindo." Rachel segurou seu bebê e falou gentilmente. "Você se lembra da voz dela de quando ainda estava na minha barriga." Ela apontou para mim. "Sim, você sabe que ela ajudou sua mamãe a ter você. Ela me ajudou a perceber que posso criar uma bolha de proteção para você nos meus braços."

Rachel encostou Ruth contra seu peito e a bebê dormiu. Ela me disse que sua mãe escolheu o nome Ruth. Ela disse a Rachel e Marc que esse era o nome que ela queria dar a Rachel quando ela nasceu, um nome que estava escrito em uma vela que seus pais acendiam no Dia do Holocausto, mas que os pais dela eram totalmente contra essa ideia.

"Ruth era uma parente que foi assassinada em Auschwitz", explicou-me Rachel. "Então, quando minha mãe quis me dar esse nome, meus avós disseram que essa não era uma boa ideia. 'Não precisamos dar ao bebê o fardo de levar o nome de alguém que já morreu', disse minha avó aos meus pais, com lágrimas nos olhos. Ela encarou meu avô, que ficou lá, parado, em silêncio. Minha mãe me disse que seus pais costumavam dizer que os bebês judeus são a maior prova de que os nazistas não venceram, que eles não nos destruíram. 'Aqui está a nossa próxima geração, bem aqui', disse minha avó. 'Ela deve ter um nome mais otimista.'"

A mãe de Rachel tentou convencer seus pais, mas, quanto mais ela falava, mais irritados eles ficavam. Em certo momento, o avô de Rachel ficou muito bravo.

"Um novo bebê deve estar conectado ao futuro, não a velhos mundos. Nossa neta deve estar associada à felicidade, não ao horror. Qual é o seu problema?", gritou ele para a mãe de Rachel e saiu do cômodo.

"Minha mãe nunca o havia visto tão emotivo, nem antes, nem depois", contou Rachel. "Ele era um homem bastante estável e racional. Ela quase nunca o via chorar. Ela me falou que, quando era criança e ficava triste, seu pai a pegava e a abraçava até que ela mal pudesse respirar. Então ele olhava para ela e perguntava: 'Está se sentindo melhor agora?' E, quando ela fazia que sim, ele a colocava de volta no chão e, sem sequer olharem um para o outro, cada um ia para o seu quarto. Eles nunca conversaram sobre emoções, e minha mãe não sabia nada sobre seu passado. Ela só sabia que ele vinha de 'lá' e que toda a sua família havia sido assassinada em Auschwitz. Ela não sabia os detalhes, mas sabia que ele foi o único a sobreviver, e nenhum de nós se atrevia a perguntar nada."

Rachel e eu havíamos entendido que o passado devia ser esquecido. Depois dessa briga, seus pais desistiram. Eles deram à bebê o nome de Rachel. Na Bíblia, Raquel [Rachel, em inglês] foi o amor da vida de Jacó, e os pais de Rachel sabiam que ela seria o amor da vida deles.

Os avós de Rachel faleceram quando ela ainda era jovem. Anos mais tarde, quando sua mãe sugeriu o nome de Ruth para a sua recém-nascida, Rachel e Marc gostaram desse nome de imediato.

"Quero que a minha filha se conecte com a história da nossa família. Quero que ela saiba quem somos", explicou Rachel. "Eu pesquisei e descobri que Ruth era um nome popular na Hungria na década de 1930. Estou certa de que meus avós não queriam ser lembrados disso, mas, como a geração seguinte, quero não apenas encarar o passado, mas apreciá-lo." Sua face se iluminou ao olhar para Ruth, que estava dormindo profundamente.

Nessa época, Rachel e Marc começaram a pensar na possibilidade de se mudarem com Ruth para Israel.

"Vou fazer meu desejo de infância se tornar realidade", contou-me Rachel, com um sorriso. "Me sinto com tanta sorte pelo fato de Marc conseguir um trabalho lá. Já te disse que ele tem parentes lá? Eu cresci com poucos parentes à minha volta. Minha avó era filha única; ela tinha uma tia com quem não possuía contato. E não tínhamos nenhum parente do lado paterno. Mas, em Jerusalém, tínhamos um amigo da família, um homem que sobreviveu ao Holocausto com meu avô e que era como um irmão para ele. Depois da guerra, meu avô imigrou para os Estados Unidos e esse amigo foi para Israel. Nós o visitávamos nos verões, e me lembro da sua filha e da sua neta, que tinha mais ou menos a minha idade. Sei que ele já está morto agora, mas me pergunto se sua família ainda mora em Jerusalém."

Rachel abriu seu telefone e começou a procurar uma foto. Ela encontrou uma do seu álbum de infância e me entregou o telefone. Era uma foto dela com 8 anos e outra menina; elas estavam de mãos dadas e sorrindo para a câmera.

"Estávamos no mercado da cidade velha de Jerusalém", explicou. "Eu nem sequer me lembro do nome dessa menina. Estávamos pensando em visitar a cidade nesta primavera para trabalhar nos detalhes de nos mudarmos para lá. Talvez eu deva procurar essa família. Seria algo muito especial se eu conseguisse encontrar a neta, não acha?"

Alguns meses antes da visita que eles planejaram, Rachel acordou coberta de suor. Daquela noite em diante, ela começou a ter terrores noturnos. Logo depois de dormir, ela pulava da cama, gritando de medo. Estava confusa, preocupada com o que poderia lhe acontecer.

Os terrores noturnos são causados por uma estimulação excessiva do sistema nervoso central, e as pesquisas mostram que grande parte das pessoas que tem o transtorno de estresse pós-traumático (TEPT) também tem esses terrores. Diferentemente dos pesadelos, que são sonhos ruins com uma história, os terrores noturnos costumam envolver um forte sentimento de medo sem uma narrativa ou história clara ligada a esse sentimento. A pessoa acorda gritando, mas não tem um sonho para contar. Como as pessoas não costumam se lembrar desses eventos de manhã, não é surpreendente que, historicamente, os terrores noturnos tenham sido atribuídos à possessão demoníaca ou a outras atividades fantasmagóricas.

Rachel estava chateada. Como na sua infância, à noite, ela sentia que estava em perigo, que estava a ponto de morrer. Alguma coisa assustadora estava acontecendo, mas ela não sabia explicar. Seus sintomas estavam evidentemente conectados a um material emocional ao qual ela não tinha acesso. Supomos que isso estava relacionado à sua futura viagem.

Quando começamos a explorar a natureza dos seus terrores noturnos, eles começaram a mudar, e os pesadelos familiares voltaram a surgir.

"Estou correndo para tentar me salvar com um bebê nos meus braços. É exatamente o mesmo sonho que tinha quando tinha 6 anos, o sonho que me fazia colocar uma faca debaixo do travesseiro." Rachel parecia confusa e frustrada. "Eu parei de ter esse sonho há uns 15 anos. Voltei a sonhar com isso ontem à noite, mas agora tenho um bebê de verdade em casa, e o bebê do meu sonho se parecia com Ruth. Isso é tão perturbador", lamentou ela, frustrada.

O trauma do qual ninguém da sua família falava havia invadido sua mente.

A professora Yolanda Gampel, da Universidade de Tel Aviv, identificou o que ela chama de "radioatividade do trauma", uma metáfora que ela emprestou do campo da física nuclear. Ela descreve os efeitos monstruosos e destrutivos causados pela aterrorizante violência sociopolítica. Não podemos nos proteger contra o impacto dos eventos que aconteceram há tantos anos e em lugares tão distantes, mesmo que não os tenhamos vivenciado pessoalmente ou não estejamos a par dos seus detalhes. Assim como os resíduos nucleares, a radiação emocional e física do desastre se espalha nas vidas das gerações seguintes. Ela se manifesta na forma de sintomas emocionais e físicos, uma reminiscência do trauma, de um ataque à vida de alguém.

Os rastros do passado estão por toda parte. Segredos reprimidos se tornam temores sem nome. Eles vivem na nossa psique, como a radiação, sem forma, cor ou cheiro. A mente não pode evitar a invasão psicológica dos aspectos destrutivos do passado. No caso de Rachel, o trauma da sua família estava sendo revivido vez após vez.

"Eu não sei nada do que aconteceu naquela época", lamenta Rachel. Olhamos uma para a outra e, então, ela acrescentou: "Meu avô mencionou certa vez que eles haviam chegado a Auschwitz em um lindo dia de primavera. O lugar parecia verde e pacífico, mas uma coisa o incomodava: um cheiro estranho e sobrepujante, meio adocicado e desconhecido. Pensando bem, era o cheiro da morte."

Ficamos em silêncio.

"Meu avô era jovem quando a guerra começou. Ele perdeu todos os parentes. Ele foi o único sobrevivente."

"Quem ele perdeu?", perguntei.

"Não faço ideia." Rachel parecia frustrada. "Ele falava sobre o clima de Auschwitz. Falava sobre seu melhor amigo, que sobreviveu com ele. Mas nunca nos falou sobre a família que perdeu.

"Eu queria saber quem foi Ruth", acrescentou. Havia um novo brilho nos seus olhos. "Entendo que meus pesadelos estão sendo causados por causa dessa viagem, mas acho que não devo cancelá-la. Eu preciso procurar o amigo da família do meu avô e descobrir. Devo isso a mim mesma e a todos nós."

Rachel havia planejado a viagem para meados de abril, sem perceber que estaria lá durante o Dia da Lembrança do Holocausto. Ela estava indo procurar os rastros da história da sua família e associar uma narrativa às perturbadoras visões que levava dentro de si desde que era criança.

Nosso NOME é uma parte significativa da nossa identidade. Nas primeiras sessões, costumo perguntar às pessoas qual é o significado dos seus nomes, quem escolheu seus nomes e por que, e pergunto-me se não haveriam significados específicos ou histórias associadas aos seus nomes. Os nomes estão ligados às emoções, ao que os pais esperam para os seus filhos, quem eles acham que os filhos se tornarão ou o que querem que os filhos se tornem. Um nome reflete os sentimentos dos seus pais sobre ter esse filho. Ele contém lembranças do passado e uma visão do futuro.

Os bebês costumam receber o nome de parentes ou de outros que faleceram. Uma criança pode receber o nome de uma pessoa que os pais amavam, admiravam ou atribuíam certas características. O nome de uma criança pode refletir certas expectativas, responsabilidades ou papéis. Por exemplo, um dos meus pacientes recebeu o nome do pai da sua mãe, que havia falecido logo antes do nascimento desse paciente. Na terapia, ligamos seu nome ao papel que lhe havia sido atribuído no seu nascimento: de guardião da sua mãe. Sua mãe o descreveu como um bebê maduro e responsável, sábio desde a tenra idade, a quem ela recorria em busca de conselhos. No caso de outro paciente, sua mãe havia lhe dado um nome que significava "meu". Na verdade, seu pai era ambivalente sobre ter um filho; ela sabia que esse bebê era só dela.

Como descrevo na Parte II, o ato de dar a um bebê o nome de alguém que morreu em trágicas circunstâncias está repleto de significado — por exemplo, uma criança ou alguém que se suicidou ou foi assassinado. Fazer isso costuma ser uma expressão de um desejo não só de reviver o que foi perdido, mas também de consertar o passado e curar o trauma.

Em meados de abril, Rachel, Marc e a bebê Ruth foram para Israel — em busca do seu futuro e do seu passado e para descobrir quem foi Ruth. O que eles descobriram era inacreditável, mas, ao mesmo tempo, crível. De repente, tudo fazia sentido.

Em Jerusalém, Rachel, Marc e Ruth se encontraram com a família do amigo que seu avô fizera em Auschwitz. Esse amigo havia morrido há anos, mas a filha e a neta dele estavam felizes em vê-los. Elas os convidaram para ficar na casa da filha, em Jerusalém.

"Nós nos encontramos em um domingo de manhã", contou Rachel. "Eu jamais havia sentido uma brisa como naquele dia em Jerusalém. Caminhamos até a casa das nossas hospedeiras, com Ruth dormindo no canguru, e fomos convidados a nos sentar na varanda. Quando nos sentamos, Ruth acordou. Então a apresentei à família. 'Esta é Ruth', disse eu, e a filha olhou para mim, assustada. Ela não disse nada e foi para a cozinha para nos trazer chá e biscoitos. Quando voltamos, ela comentou: 'Que significativo o fato de você a ter chamado de Ruth. Meu pai costumava falar de Ruth. Ele disse que seu avô jamais se recuperou da morte dela. Que uma parte dele morreu com ela.'

"Eu não sabia o que dizer. Eu estava com vergonha de dizer que não fazia a menor ideia de quem era Ruth. Que a minha mãe apenas tinha dito que ela era uma parente que morreu em Auschwitz e que seu nome estava em uma vela memorial que meus avós acendiam a cada feriado. Eu não conseguia respirar e fiquei em silêncio. Marc olhou para mim e sabia do que eu precisava. Ele olhou para a nossa hospedeira e lhe pediu para nos contar tudo que sabia sobre Ruth.

"E então descobrimos o segredo dos meus avós. Ela nos contou que, quando a guerra começou, meu avô já era casado e tinha uma filha chamada Ruth. Ela ainda era bebê quando chegaram em Auschwitz. Sua esposa e sua filha foram separadas dele e levadas à seção feminina. Ele nunca mais as viu. Alguém lhe disse que elas foram levadas às câmaras de gás e assassinadas poucas horas depois de chegarem."

Rachel me contou que, enquanto estavam conversando, uma sirene soou. Sua hospedeira se desculpou por não lhes haver preparado. "Que momento simbólico", disse ela. "Hoje é o Dia do Holocausto. A tradição é ficar de pé, em silêncio, em memória dos 6 milhões que foram assassinados."

Eles ficaram de pé por um longo momento até que a sirene parou de tocar. Então, a neta disse: "Sei que isso foi estranho para vocês; nunca é fácil para nós também." Sua voz era suave. "Eu trabalhei como professora, e as crianças costumam dar risadinhas durante a sirene. Eu me recordo disso da minha própria infância. Como vieram de um país diferente, vocês provavelmente entendem que isso é demais para as crianças lidarem, que é difícil para elas processarem o horror."

Rachel me encarou e começou a chorar.

Sentimos o chão se mover, percebendo que esse pesadelo secreto tinha sido sua maneira de viver a lembrança de um trauma inimaginável. Conforme a narrativa do passado toma forma, observamos o fantasma de Rachel se tornar um ancestral. Ela finalmente tinha uma história que podia contar em vez de reviver vez após vez.

O silêncio pairava no meu consultório, com exceção dos sons abafados de suas lágrimas e respiração, que exprimiam menos sofrimento agora.

PARTE II

NOSSOS PAIS

Os Segredos de Outros

Esta seção investiga os segredos dos nossos pais e as realidades ocultas de épocas antes do nosso nascimento e da nossa infância. Ela explora a perda consciente e inconsciente de irmãos e o efeito que isso exerce sobre os filhos que sobrevivem e sobre a sua descendência. Ela descreve os enigmas de bebês não desejados — filhos de gravidezes indesejadas e sua constante luta para permanecerem vivos. Ela encara os pais e a paternidade nos olhos e se aprofunda no relacionamento entre a reparação e a repetição: nosso desejo de curar o trauma dos nossos pais e suas almas feridas, os quais podem nos fazer reviver e repetir suas histórias dolorosas.

É a nossa habilidade de aceitar que algo não pode ser mudado ou consertado que nos permite começar a ficar de luto. Tal permissão para ficarmos de luto por nossas perdas e falhas, bem como a de nossos pais, nos conecta com a vida e dá boas-vindas ao nascimento de novas possibilidades.

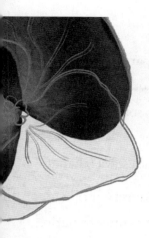

5

QUANDO OS SEGREDOS SE TORNAM FANTASMAS

Desde que se lembra, Noah, meu paciente, se preocupava com a morte. Quando tinha 8 anos, ele lia diariamente a seção de obituários no jornal. "Me pergunto quem seria esta pessoa", dizia, tentando compartilhar o interesse com sua mãe. Ela, porém, dava de ombros. "Não dá para saber de verdade."

Noah queria saber; ele precisava saber. Estava pesquisando, investigando. Quem foram essas pessoas mortas? Quem elas deixaram para trás? Quantos anos elas tinham quando morreram? Noah podia morrer? Seus pais podiam morrer?

Décadas mais tarde, ele veio fazer terapia comigo para falar sobre o que chamava de sua "obsessão por pessoas mortas". Ele queria saber tudo sobre essas pessoas nos obituários, e eu queria saber tudo sobre ele. A cada obituário que Noah trazia ao consultório, colocávamos mais uma peça nos nossos respectivos quebra-cabeças, procurando o que estava faltando.

"Entendi!", exclamou Noah depois de horas de pesquisa em casa, de buscas na internet, anotando datas e os detalhes do último obituário. "Acho que já entendi tudo. Agora posso esquecer."

Diferentemente de Noah, eu não entendia. Como eu desconhecia diversas partes de sua história pessoal, procurei esperar pacientemente até que se manifestassem. Sei por experiência própria que, mais cedo ou mais tarde, as peças que estão faltando surgirão. Só preciso ouvir em silêncio e convidá-las a entrar.

Noah fica irritado quando alguma peça do seu quebra-cabeça está faltando. Ele segurou o jornal e leu em voz alta para mim o obituário de uma mulher chamada Marie e revirou os olhos. "Veja como isso é irritante", observou. "Por que eles escreveram que 'Ronald' foi seu segundo marido? Se procurar no Google, você vai ver que este mesmo Ronald foi o tradutor do livro que ela coescreveu muitos anos antes do seu primeiro marido — que também se chamava Ronald."

Fiquei confusa e pensei, em tom de brincadeira: "Talvez ela só gostasse de homens chamados Ronald." Minha reação foi o resultado do fato de eu estar tendo dificuldades de acompanhar os detalhes, o que estava me deixando ansiosa. Eu não entendia bem o interesse de Noah nesses fatos sobre os mortos.

"Seus dois maridos se chamavam Ronald — isso é possível?", imaginou Noah. Ele contou os Ronalds de novo, como se precisasse se certificar de que havia algo por trás desses nomes.

Ele guardava aqueles que haviam morrido na sua mente e se recusava a abrir mão deles. Ele adotava suas histórias como se pertencessem a ele. Nesse sentido, essas pessoas não estavam nem vivas, nem mortas, mas existiam como fantasmas entre os dois mundos, nunca vistas totalmente, mas presentes na vida dele e, agora, na minha também.

Quando me juntei a Noah na sua busca, tornei-me ciente de que os fantasmas — os fantasmas dos mortos, os fantasmas das suas histórias — nos assombravam. Sempre sabíamos menos do que queríamos.

"Quantos anos a sua mãe tinha quando você nasceu?", perguntei-lhe certo dia, tentando imaginar sua família.

Noah respondeu: "Quarenta e quatro, eu acho. Velha, não é?"

Ele tinha quase 44 anos, mas não tinha filhos.

"Você está velho?", perguntei.

"Acho que sim", respondeu. "Não foi fácil ser o filho único de pais com 40 e tantos anos e, por algum motivo, sempre imaginei que tinha um irmão gêmeo que morreu no parto. Minha mãe ficava incomodada quando eu fazia piadas sobre isso. Ela achava que essa era outra das minhas ideias malucas sobre a morte. Eu secretamente imaginava que nós dois éramos Noah. Noah Um e Noah Dois — como o Coisa Um e Coisa Dois da história do Dr. Seuss."

"E você? É o Noah Um ou o Noah Dois?", perguntei.

"É claro que sou o Noah Dois; eu tenho cara de Noah Um?", brincou ele, e acrescentou: "Isso me lembra do Ronald Um e do Ronald Dois da vida de Marie. Você acha que ela os amava igualmente? Você não acha que ela se casou com o Ronald Dois só porque sentia saudade do primeiro Ronald e queria que ele estivesse vivo?"

Enquanto o escutava, pensei em como foi um menininho solitário, preocupado com a ideia da morte dos seus pais e do que ele chamava de suas "fantasias bizarras" sobre um irmão perdido. Havia muitas lacunas na sua narrativa, e, na terapia, tentamos preenchê-las: imaginar quem ele era; considerar os significados de seus sonhos e de suas fantasias; entender seu desejo de infância por um irmão e a angústia que ele sempre sentiu, mas não conseguia saber por quê.

À medida que o tempo passou, Noah parou de investigar obituários e começou a falar mais sobre suas próprias perdas psíquicas, suas mortes simbólicas. Identificamos o irmão morto que ele imaginava como representante das partes "mortas" de si mesmo, incluindo seu isolamento depressivo do mundo, e os aspectos emocionalmente amortecidos de seus pais, os quais ainda estavam envolvidos na sua vida. Sua mãe, em especial, sempre lhe pareceu desconexa, como se estivesse emocionalmente comprometida com algo que havia deixado para trás.

Em uma noite de sábado, recebi um e-mail de Noah. "Dra. Atlas", escreveu ele. "Duas coisas chocantes aconteceram. Não consegui esperar até a nossa próxima sessão para lhe contar." A primeira era que sua mãe havia morrido naquela manhã. A segunda era que ele havia encontrado seu irmão morto.

"Nesta manhã", prosseguia o e-mail, "ao abraçar meu pai, ele me disse que nunca quiseram me sobrecarregar com uma coisa. Ele disse: 'Quando era pequeno, decidimos que você nunca descobriria o segredo até que um de nós morresse.'" O segredo era que havia outro filho, cerca de um ano mais velho, que morreu antes de Noah nascer. Seu nome era Noah.

"Meus pais reservaram seus locais de sepultamento ao lado de uma pequena cova", prosseguiu Noah. "Vamos sepultar minha mãe lá amanhã de tarde. Noah Um foi enterrado lá há 44 anos, à idade de 8 meses, alguns meses antes de eu nascer e receber seu nome. Eles não queriam impor esse peso sobre mim, me causar dor ou aflição."

Depois de décadas de busca, Noah Dois conseguiu completar o obituário.

Por mais surpreendente que a descoberta de Noah pudesse me parecer na época, quando publiquei sua história na seção de psicoterapia do *New York Times* em abril de 2015, nenhum de nós esperava a reação que ela obteve. Nas horas após a publicação da coluna, comecei a receber e-mails de pessoas que queriam compartilhar experiências similares.

O que Noah acreditava que fosse sua própria história esotérica acabou sendo a história de várias pessoas, as quais, por sua vez, concluíram que o ocorrido tinha sido uma coisa críptica e incomum que havia acontecido só com elas. Elas compartilharam suas histórias de irmãos perdidos, segredos que só foram descobertos mais tarde na vida e como esses segredos se manifestavam nas suas mentes. Várias pessoas escreveram sobre a descoberta de terem um irmão gêmeo que havia morrido no parto e o efeito desse trauma nas suas vidas. Essas coincidências entre a realidade secreta e a forma como ela surgia nas suas mentes costumavam ser percebidas como aparentemente irracionais e, às vezes, difíceis de acreditar. Todas essas pessoas ficaram com um poderoso elo entre seu passado e seu presente, entre um sentimento que elas, de início, não conseguiam explicar e o trauma de família. A maioria delas não sabia como entender a estranha sincronia entre esses segredos de família e como suas mentes e seus corpos respondiam à informação que elas não sabiam de modo consciente.

Um homem, que chamarei de Benjamin, me disse que, por anos, desde que era um garotinho, sonhava que era enterrado vivo. Ele acordava assustado no meio da noite e dizia aos seus pais que estava com medo de voltar a dormir porque não conseguia respirar. Seus pais esperavam que esse sonho passaria com o tempo, mas, na verdade, as coisas só pioraram, e, à idade de 13 anos, Benjamin desenvolveu claustrofobia. Seu pânico se tornava especialmente severo quando precisava pegar o metrô. Ninguém entendia por que ele havia desenvolvido esses temores.

Benjamin sempre soube que a família da sua mãe havia sido assassinada no Holocausto. Ele sabia que ela não tinha seus pais, avós ou tios; que ela havia imigrado para os Estados Unidos como sobrevivente quando era uma garotinha; e que ela conheceu o pai dele quando tinha 16 anos. Foi só quando Benjamin tinha 40 anos que ele descobriu como seu avô havia morrido — ele foi enterrado vivo. Seus pais, que não sabiam nada sobre as características da sua herança emocional, jamais haviam ligado seus pesadelos e outros sintomas à sua traumática história de família.

Como na história de Rachel, do Capítulo 4, por mais terrível que seja, descobrir como seu avô havia sofrido essa morte brutal permitiu que Benjamin parasse de vivenciar e carregar esse fato no seu corpo. Quando nossas mentes se lembram, nossos corpos ficam livres para esquecer.

Amy também me contou sua história. Da mesma forma, esta envolvia pesadelos e uma lembrança que estava sendo processada pelo seu corpo. Certo dia, quando tinha 20 e poucos anos, Amy despertou por causa de um terrível pesadelo. Nele, seu avião havia caído e ela estava sendo queimada viva. Amy nunca conheceu seu pai. Ele havia morrido em um acidente de avião quando sua mãe estava grávida dela, e Amy cresceu com o fato da trágica morte dele, mas nunca pensou que isso havia afetado sua vida. Por que, de repente, ela havia começado a vivenciar o trauma dele como se fosse seu? Por que, no seu pesadelo, era ela que estava sendo queimada? Ela continuou tendo esse pesadelo e, durante um mês, não conseguiu ir dormir sem aquele sentimento de que estava prestes a morrer. Ela começou a ter ataques de pânico e não conseguia esquecer a visão traumática do avião em chamas. Ela consultou um médico e, para sua surpresa, descobriu que estava grávida.

A gravidez de Amy fez com que o trauma da sua família viesse à tona: o trauma do seu pai, que havia morrido enquanto estava esperando um bebê, o trauma de uma mulher grávida que havia perdido seu marido e o trauma de um bebê por nascer que nunca conheceu seu pai. Seu corpo sabia o que sua mente não conseguia se lembrar.

A ideia de que as pessoas estão ligadas umas às outras além da mente consciente e que se comunicam umas com as outras de modos não verbais sempre foi um tópico da investigação psicológica. Diferentemente da cultura popular, os psicólogos não atribuem esses aspectos da nossa mente a pensamentos mágicos ou a fenômenos sobrenaturais, mas a um conceito básico: o subconsciente.

A comunicação subconsciente é a ideia de que uma pessoa pode se comunicar com outra sem acessar sua parte consciente, sem ter a intenção e até mesmo sem que nenhuma dessas pessoas saibam disso. As implicações disso são profundas — estamos interconectados de modos que não reconhecemos totalmente e que não podemos controlar, e que sabemos mais uns dos outros do que o nosso lado consciente nos diz.

Amy perdeu aquela criança e, pela primeira vez, entrou em contato com a dor que levava por dentro: ficar de luto por um bebê que não nasceu, um pai que jamais conheceu. Como aconteceu com Noah, a tragédia de família não processada manteve Amy inconscientemente conectada com o passado, identificando-se com os mortos, com quem ela nunca conheceu. Desenterrar seus traumas de família, processar as perdas e o impacto profundo que elas tiveram nas suas vidas permitiu que cada um deles desfizesse a conexão invisível que tinha com o passado e se libertasse para criar seu próprio futuro.

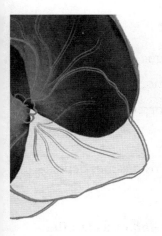

6

BEBÊS INDESEJADOS

Jon não se lembra da sua irmã, Jane. Ela morreu quando ele tinha apenas 4 meses. Durante a infância, ele ouviu histórias sobre sua morte trágica. Ele sabia que ela estava indo visitar uma amiga de bicicleta no bairro suburbano em que cresceram quando foi atingida por um carro. Ela morreu instantaneamente. Jane tinha 12 anos, a mais velha e a única menina de uma família com 5 filhos.

Os três irmãos mais velhos de Jon têm suas próprias recordações daquela manhã em meados de maio. Seu irmão do meio se lembra do vestido que sua mãe estava usando. Seu terceiro irmão diz que não consegue se esquecer do som da sirene, mas que não tem certeza se ela pertencia à ambulância ou à viatura de polícia que foi notificar a família sobre a morte de Jane. Seu irmão mais velho, Jake, jura que sua mãe deixou o bebê — o próprio Jon — cair ao correr para a porta, mas seu pai insiste que isso não aconteceu.

Todos eles sentem que seus pais nunca mais foram os mesmos depois da morte de Jane.

Como se tivessem feito um pacto silencioso, os membros da família evitavam falar sobre Jane. Eles sabiam que mencionar o nome dela poderia fazer sua mãe culpá-los de alguma coisa.

"Por que você deixou o armário aberto?", diria ela, zangada. "Quantas vezes já lhe disse para não mastigar com a boca aberta?"

Todos os irmãos se lembram do dia em que pediram ao seu pai para lhes comprar bicicletas e de como ele tentou convencer sua mãe de que isso era uma boa ideia.

"Especialmente por causa do que aconteceu", argumentou. "Os meninos não devem ter medo de andar de bicicleta. Todos os especialistas lhe dirão que essa é a coisa certa a se fazer", disse ele à mãe deles.

Naquela mesma noite, sua mãe fez uma mala e falou que estava indo embora. Ela lhes disse que estava pensando em se jogar na frente de um trem. Jon lembra que os meninos correram atrás dela, gritando e chorando.

"Mamãe, não vá! Por favor!"

Eles correram atrás dela na rua e, quanto mais ela se afastava, mais alto eles choravam.

Eles nunca mais pediram bicicletas.

Todo ano, em maio, a família visitava o túmulo de Jane. Eles ficavam lá por alguns minutos. Os meninos ficavam vendo seus pais lavarem a lápide e depois partirem, em silêncio.

Jon lembra que começava a passar mal. Seu estômago começava a doer e sentia que havia feito alguma coisa errada. Mas ele nunca entendia por que se sentia assim.

Aos 35 anos, Jon teve o que descreveu como um colapso nervoso.

Seis meses mais tarde, ele decidiu começar a fazer terapia.

No primeiro dia de terapia, ele disse que seus colapsos "vinham do nada. Um dia, estou bem; no outro, eu desabo".

Pedi-lhe que me contasse sobre sua vida antes do colapso. Queria saber mais sobre quem ele era.

Jon me disse que havia se casado com Bella há alguns anos e que tinham uma filha.

"Ela se chama Jenny", disse ele, pausando por um bom tempo. "Tive uma irmã que morreu quando eu tinha alguns meses de idade. Ela se chamava Jane." Ele prosseguiu: "Quando minha filha nasceu, queria honrar a memória da minha irmã, mas não queria dar o nome dela à minha filha. Tive medo que o nome dela pudesse trazer má sorte ou — Deus me livre! — que isso pudesse afetar sua vida de alguma outra forma negativa. Sabe, algumas pessoas dizem que isso não é uma boa ideia."

Jon parecia envergonhado. "Sei como isso parece", confessa. "Bella e eu decidimos escolher um nome que começasse com *J*."

Percebi que seu próprio nome começava com a letra *J*. Ouvi seu conflito sobre o nome da sua filha: por um lado, o medo de ferir Jenny; do outro, seu desejo inconsciente de trazer parte da sua irmã, Jane, de volta à vida.

Pedi-lhe para me falar sobre sua irmã.

Jon pareceu hesitante. "Eu não me lembro de nada", afirma ele. "Afinal, eu era apenas um bebê, então não conto as minhas lembranças, mas o que ouvi de outras pessoas. Só sei que meus irmãos vivenciaram um verdadeiro trauma. Eles a conheciam; eu não. Então isso não me afetou tanto."

"Foi difícil para todos, mas nem tanto para você. É isso que está dizendo?", perguntei.

Ele parou para refletir.

"Acho que também foi difícil, mas diferente", respondeu. "Todos ao meu redor estavam obviamente tristes. 'Tristes' nem sequer é a palavra certa. Eles estavam quebrados.

"Quanto a mim, não sei qual foi minha história, para lhe dizer a verdade. Eu fui deixado de lado. Por conta própria, como dizem." Jon sorriu e acrescentou: "Eu nem sequer tenho uma história de 'isso e aquilo aconteceram comigo', com exceção do que já lhe disse. E é isso. Honestamente, eu quase não tenho fotos de infância. Meu irmão, Jake, me disse que minha mãe me deixou cair no chão quando ela recebeu a notícia do acidente da minha irmã, mas que isso provavelmente não aconteceu. Eu não quero inventar nada." Ele parecia perturbado. "Me contaram que, na terapia, podemos criar nossa história de infância do zero. Não tenho nada contra fazer isso, mas essa história seria sobre o quê? É como fazer pesquisas empíricas sem dados. Não funciona. É isso o que quero dizer."

Como Jon estava preocupado em criar uma falsa história de vida, ele construiu uma narrativa cheia de lacunas. Parece que ele não surge como um personagem da sua própria infância. Assim, fiquei me perguntando sobre sua habilidade de participar na vida. É como se Jon quisesse se certificar de que ele não existisse totalmente.

Enquanto a maioria das pessoas tem algumas histórias e lembranças de infância, não é incomum que outras não saibam muito sobre os primeiros anos da sua vida, em especial sobre o período entre seu nascimento e a primeira infância. Nem sempre sabemos se nossos pais planejaram a gravidez ou se ela foi um "acidente". Na verdade, nem sempre sabemos quem foram nossos pais biológicos. A depressão pós-parto e outras crises da época em que fomos concebidos ou dos primeiros anos da nossa vida costumam ser maquiadas com mitos românticos. Quando as coisas dão errado, os segredos nascem.

Embora o primeiro ano da vida de um bebê exerça um grande efeito sobre seu futuro, explorar a infância de um paciente é algo especialmente delicado, visto que dependemos das narrativas de outros e do que eles se permitem dizer, saber e até lembrar.

Os segredos da infância são eventos sem forma que deixam rastros na nossa mente, mas que não têm nenhuma narrativa ligada a eles. São, portanto, os esqueletos da nossa existência. Eles permanecem ocultos dentro de nós, embora deem estrutura à nossa forma.

Jon e eu começamos no presente e no pouco que sabemos: ele tem uma filha e o trauma aconteceu na sua família quando ele era um bebê. Sua irmã, Jane, e sua filha, Jenny, estavam conectadas de maneiras que ainda não entendíamos por completo. Sua infância estava obscurecida pela morte da sua irmã. Ele nunca parou para pensar no passado, mas seguiu em frente, indo o mais longe possível em sua história. Até o dia em que ele desabou.

Jon me levou até o início da sua vida, e sei que essas jornadas costumam ser as mais complexas de todas.

Depois que ele saiu do meu consultório, percebi que ele havia deixado uma chupeta na poltrona.

Uma semana se passou, e recebi Jon novamente.

"Me senti bem depois da nossa sessão", disse ele. "Eu disse a Bella, minha esposa, que senti alívio por você não ter me perguntado sobre meu colapso. Fiquei com vergonha por ter desabado daquele jeito, em especial devido à época, logo depois de ter tido um bebê e quando precisava ser forte. Gostaria de ser forte como meu pai, que, mesmo depois da morte da minha irmã, permaneceu estável. E aqui estou:

em vez de ser um homem, estou me comportando como minha mãe. Ou, até pior, não sou um adulto, mas um bebê que perde o controle. Eu senti tanta vergonha e ódio de mim mesmo por causa disso. Então acho que fiquei feliz por você me deixar falar sobre os primeiros anos da minha vida em vez do..."

Jon pausou. Parecia perturbado.

"Em vez do fim da sua vida? Era isso que você ia dizer?", perguntei.

"Parece que era isso", respondeu ele em voz baixa, evitando olhar para mim.

"Parecia que era o fim da sua vida", repeti.

"Sim, eu comecei a pensar na morte desde que Jenny nasceu", contou ele.

Percebi que o início da vida de Jenny poderia parecer o fim da vida de Jon, da mesma forma que o início da vida dele foi o fim da vida da sua irmã, Jane.

"Quando alguém nasce, outra pessoa morre", disse eu, quase sussurrando, e Jon ergueu a cabeça e me encarou.

"É o que sinto." Concordou com a cabeça. "Mas isso é errado. Eu sei. Deveria haver espaço para todos."

Senti uma onda de tristeza. Seria possível que, na mente de Jon, apenas um deles poderia permanecer vivo? Ele acreditava que Jane morrera porque ele havia nascido? Era essa a narrativa oculta da sua família?

"E aqui estou, na terapia, porque me sinto culpado", falou ele. "E me sinto muito mal pela ideia de que minha filha esteja passando pelo mesmo que passei quando era criança. Me preocupo que, como eu, ela agora tenha um pai triste que não consegue fazer nada. Não quero ser como minha mãe."

Estava curiosa para ouvir mais sobre sua mãe. Imaginei sua tristeza, sua culpa, sua retração emocional.

Jon contou que sua mãe havia morrido há cerca de cinco anos e que seu pai havia morrido um ano depois disso.

"Meus pais morreram, e agora não tenho ninguém para perguntar sobre a minha infância."

"Você não tem nenhuma lembrança?", perguntei.

Jon hesitou. Ele pensou por um bom tempo e disse: "Me lembro da varanda da nossa casa. Me lembro da entrada. Quando eu voltava da escola e estava escuro, não conseguia ver se tinha alguém em casa ou não. Nunca gostei daquela casa."

"Esta memória não tem pessoas. Você percebeu?", indaguei.

"Nós éramos quatro meninos, mas eu basicamente cresci sozinho", respondeu ele. "Meus irmãos eram mais velhos e deixaram a casa um após o outro. Eu fui embora de casa relativamente tarde, quando tinha uns 20 e poucos anos. É como seu eu me sentisse responsável pelos meus pais e precisasse ficar com eles. Então, quando minha mãe ficou doente, eu cuidei dela. Me lembro dos últimos dias da sua vida, quando ela estava no hospital. Senti como que se ela estivesse esperando pela morte. Eu ficava sentado ao lado do seu leito por horas, e essa foi a primeira vez que a ouvi falar sobre Jane. Parecia que ela mal podia esperar para se encontrar com ela."

"O que foi que ela te disse?", perguntei.

"Ela não estava falando comigo", esclareceu Jon. "Eu me sentei lá, mas ela me ignorou e continuou falando, talvez consigo mesma ou talvez com Jane. Não sei ao certo. Mas tudo bem", afirmou ele, com indiferença. "Eu não me importava com o fato de a minha mãe me ignorar."

Havia algo comovedor na forma como ele se descreveu sentado ao lado da sua mãe, ouvindo-a falar. Senti seu amor, seu anseio, sua solidão e que ele aceitava ser invisível. Ele estava presente, mas era como se não existisse, como se fosse a criança morta e sua irmã morta fosse a que estivesse viva dentro da sua mãe.

Ficamos sentados em silêncio por um longo minuto e percebi que, pelo meu silêncio, poderia me tornar a mãe negligente de Jon, de quem ele não pedia nada.

Com muita frequência, e sem perceber, o terapeuta se junta ao cenário de infância do paciente, assumindo o papel de um dos seus responsáveis. Os apegos infantis moldam a relação terapêutica assim como moldam outros relacionamentos fora da terapia. Aqueles que esperam ser amados costumam fazer com que outros os amem, ao passo que aqueles que esperam ser negligenciados podem suscitar a negligência. Nosso alvo como terapeutas é examinar esses padrões; perguntar-nos como nossos pacientes revivem seus relacionamentos de infância conosco, questionar-nos quem nos tornamos para eles e processar esses antigos apegos ao passo que criamos relacionamentos novos e diferentes.

Assim como fazia com sua mãe, Jon não pede muito de mim. Ele deu de ombros e disse: "Eu tenho uma filha agora e sei como é difícil. Desde que Jenny nasceu, sempre penso nos meus pais. Eles tinham cinco filhos. Um deles morreu. Dá para imaginar? Eles precisaram cuidar de três filhos e de um bebê após a sua morte. Ninguém consegue fazer isso", concluiu ele. "A minha mãe estava devastada. Então, sim. Ela me ignorou."

Jon não tinha raiva da sua mãe simplesmente porque, mesmo após a sua morte, ele ainda a queria por perto. Quanto mais negligente ela era, mais ele precisava dela. Como uma criança, ele não tinha outra fonte de segurança. Ele tentou enxergá-la como "boa" porque ele preferia ter uma mãe negligente a nenhuma. Percebi que era mais fácil para ele se identificar com sua mãe e com sua perda do que se imaginar como uma criança e reconhecer sua própria dor. Inconscientemente, porém, ele prosseguia repetindo o padrão de negligência: lutando contra suas necessidades não satisfeitas e se preocupando com todas as outras maneiras em que o mundo poderia rejeitá-lo.

Jon deu uma olhada pela sala. De repente, ele apontou para a minha mesa e falou: "Achava mesmo que tinha esquecido a chupeta da Jenny aqui na semana passada."

"Sim", respondi, olhando para a minha mesa e me recordando de que a havia colocado ali para me lembrar de devolvê-la a ele.

Pareceu-me que Jon não havia ficado satisfeito com minha resposta tão direta, como se estivesse esperando algo diferente. Foi a primeira vez que o vi ficar um pouco decepcionado.

"Me fale mais sobre isso", pedi-lhe em resposta à expressão na sua face.

"Não acha que houve algum motivo para que eu a tivesse esquecido aqui? Deve haver um motivo, não acha?" Percebi que ele havia me convidado a ir mais fundo, a procurar por mais.

"Qual você acha que foi o motivo?", perguntei.

Jon sorriu. "Que eu sou um bebê?" Sorri de volta e ele prosseguiu. "Sinto que sou um bebezão. Talvez eu quisesse esquecer a chupeta aqui e ir para casa como um adulto."

"Isso faz sentido", respondi. "Mas seria possível que você quisesse esquecer e se lembrar ao mesmo tempo?"

Ele ficou intrigado, então prossegui. "Talvez você quisesse esquecer a sua parte de bebê aqui, mas também quisesse voltar para procurá-la e encontrá-la. Talvez quisesse que essas partes perdidas fossem encontradas; descobrir sua própria história de vida."

Jon concordou com a cabeça. "E se ela não for tão interessante?"

Fiz uma pausa. Percebi o quanto ele tinha medo de recordar como se sentia desinteressante e rejeitado quando era criança. Ele não queria sentir as dores da sua infância e entrar em contato com o quanto precisava da sua mãe.

Pensando na chupeta, concluí que, quando era criança, Jon tentava se acalmar com ela em vez de chorar para sua mãe. Como adulto, ele se apresentava como uma pessoa fácil de lidar, que não precisava de ninguém para cuidar dele nem entendê-lo. Ele não fica chateado nem expressa seus sentimentos ou frustração; antes, procura lidar com seus sentimentos por conta própria e reprimir suas emoções. Jon acha que não deveria depender de ninguém. Nas suas sessões, ele se certifica de não se sentir dependente de mim também.

Donald Winnicott, um pediatra e psicanalista britânico, escreveu que uma das funções maternais mais significativas é o "suporte emocional". Ele relacionou essa função, no caso de ambos os pais, à importância do aspecto físico de segurar um bebê. O suporte emocional são os braços emocionais estáveis e a disponibilidade presente dos pais que possibilitam que um bebê se sinta seguro e protegido. O pai segura o bebê na sua mente, está disponível para tolerar as emoções do bebê, em sintonia com seus sinais. Quando um bebê se sente seguro tanto física como emocionalmente, ele desenvolve um sentimento de mundo seguro, no qual poderá contar com o pai e confiar que suas necessidades serão atendidas. Mas, quando o suporte emocional entra em colapso, o bebê para de recorrer a outros e começa a recorrer a si mesmo. Quando um bebê sente que o deixaram cair, ele pode experimentar o que Winnicott chamou de "queda eterna". Esse é o sentimento de colapso emocional, uma queda sem fim, sem fundo.

Jon aprendeu a não recorrer aos pais em busca de consolo, a ser seu próprio suporte emocional. Senti que ele estava se protegendo ao renunciar o consolo e a resposta dos seus pais. Ele se tornou um rapaz e, mais tarde, um homem que não pedia muita coisa. Ele conseguiu lidar com seus sentimentos até que, certo dia, tudo desmoronou e ele desabou.

Jon saiu do meu consultório, e eu estava ciente de que ainda não havíamos conversado sobre seu colapso. Percebi que ele havia deixado a chupeta na poltrona de novo e imaginei se ele a estava deixando para trás por se sentir esquecido e largado. Será que ele temia que eu não me lembrasse dele depois que ele partisse?

Jon chegou 30 minutos adiantado para a nossa próxima sessão. Ele tocou a campainha enquanto eu ainda estava em sessão com outro paciente.

Liberei a porta da recepção, perguntando-me se ele havia se confundido quanto ao horário marcado.

Fiquei preocupada com ele. Imaginei-o lá, sentado na sala de espera, perguntando-se por que não o havia deixado entrar na minha sala. Temi que ele pudesse chegar à conclusão de que eu havia me esquecido dele e o imaginei se esforçando ao máximo para não se sentir magoado ou com raiva de mim.

Quando finalmente abri a porta, vi Jon sentado na beirada da cadeira, jogando no celular.

"Oi." Ele me encarou. "Estava me esperando? Não queria surpreendê-la."

Ele entrou lentamente no meu escritório e se sentou na poltrona.

"Ficou preocupado que talvez eu tivesse me esquecido da nossa sessão?", perguntei.

"Não", respondeu ele imediatamente. "Só pensei que talvez eu tivesse chegado na hora errada. Talvez você ainda não estivesse pronta para me receber. Nós combinamos às 11h15 ou às 11h45? Acho que foi às 11h45, não foi? Espero que eu não tenha atrapalhado. Afinal, você estava aqui com outra pessoa."

Jon se moveu desconfortavelmente na poltrona e acrescentou: "Não tem importância. Eu só pensei que deveria ir embora e voltar outra hora." Seus olhos se encheram de lágrimas. "Que vergonha", sussurrou.

"Você achou que eu não estava te esperando. Que você se apressou para vir até aqui, mas que eu havia me esquecido de você", falei e pensei no seu uso da palavra "esperando" e na sua relação com a gravidez. Perguntei-me se seu nascimento havia sido planejado, se seus pais queriam ter outro filho.

"Não se preocupe. Tudo bem", disse ele, para mim e para si mesmo. "Você não deve ficar ansiosa para me ver. Você é minha terapeuta, não minha mãe", acrescentou com firmeza, certificando-se de que nós dois nos lembrássemos disso.

"Mas talvez você se sinta magoado porque, nesse momento, eu me torno como sua mãe: uma mulher que não estava te esperando, que você teme que possa rejeitá-lo ou preferir estar com outra pessoa."

Jon ficou sério. "É possível", admitiu. "Sabe, logo antes do meu colapso, eu costumava ter esse tipo de pensamentos, o que era uma loucura.

"À noite, antes de ir dormir, eu costumava ficar pensando que meu chefe queria me demitir e contratar outra pessoa. Eu disse a Bella que tive uma sensação ruim, um sentimento de que ele não me queria. Em retrospecto, isso não era verdade. Mas, por algum motivo, eu tinha certeza que ele estava pensando em me largar na rua."

"Te largar." Repeti suas palavras e mencionei que essa era uma lembrança da única história que ele havia ouvido sobre sua infância.

"Você achou que seu chefe queria se livrar de você ou que talvez estava pensando em te largar, como sua mãe o largou", observei.

Jon me encarou, fascinado.

"Entendo o que quer dizer", afirmou ele. "É como se eu estivesse repetindo o sentimento de que não sou desejado, mesmo agora, com você."

Fiz que sim e Jon prosseguiu: "Juro, eu era um bom funcionário. Era o primeiro a chegar no escritório de manhã e o último a sair de noite. Achei que era um bom funcionário. Mas, então, comecei a sentir que não gostavam de mim e que estavam pensando em se livrar de mim. Tudo isso começou logo após o nascimento de Jenny." Ele fez uma pausa e eu o vi pensando, fazendo conexões.

"No que você está pensando?", perguntei.

Jon pareceu triste. Ele me explicou o quão importante era para ele se sentir valorizado pelo chefe, mas que, com o tempo, ele se sentia cada vez mais rejeitado e assustado.

"Eu acordava toda manhã sentindo medo, sentindo que queria morrer. Foi horrível, mas foi pior naquela manhã, quando uma coisa realmente traumática aconteceu."

Jon inspirou profundamente. Ele parecia hesitante, como se não tivesse certeza de que podia continuar falando.

"Posso te dizer o que aconteceu?", perguntou, e eu sabia que ele não estava fazendo essa pergunta para mim, mas, novamente, para si mesmo. Ele não esperou pela minha resposta.

"Eu tinha acabado de chegar no escritório quando o telefone tocou. Era Bella. Ela estava chorando.

"'Preciso que você volte para casa', disse ela, chorando. 'É a Jenny. Ela caiu e não sei o que fazer.'

"Deixei tudo para trás e voltei correndo para casa. Como um doido. Corri e corri, nem sei por quanto tempo. Minha cabeça estava girando com tantos pensamentos. Pensei: 'Pronto. Ela vai morrer.' Pensei: 'Como fui deixar isso acontecer? Como eu sou burro.'" Ele me encarou. "Não me pergunte por quê. Eu não faço ideia. Não sei por que achei que tudo era culpa minha. Mas continuei correndo. Ouvi a sirene de uma ambulância atrás de mim. Entrei em pânico e tentei correr ainda mais rápido, para chegar lá antes da ambulância. Quando finalmente cheguei em casa, encontrei minha mãe no chão com Jenny viva nos seus braços."

Percebi que ele havia se referido a Bella como "mãe", mas não o interrompi.

"Ela estava chorando: 'Fiquei com tanto medo. Eu não sabia o que fazer. Jenny caiu da cadeirinha e não estava se movendo. Ela nem sequer chorou. Achei que ela tinha morrido.'

"Olhei para Jenny. Ela parecia bem, mas eu não conseguia me acalmar. Sentei no chão do lado de Bella e senti meu corpo tremer. Era como se não o controlasse mais. Então, comecei a chorar e chorar e não conseguia mais parar. Daquele momento em diante, parei de funcionar. Não conseguia mais sair da cama. Chorava o dia todo. Até pensei em me matar."

Jon pausou. Ele me encarou e repetiu: "Achei que tudo era culpa minha. A voz na minha cabeça dizia que era eu quem deveria estar morrendo, não ela."

Havia muita culpa de ser aquele que sobreviveu. Pensei na irmã de Jon, Jane, e no desejo dele de trazê-la de volta à vida por meio da sua filha e, dessa vez, de matar a si mesmo para que ela não morresse. A queda de Jenny foi traumática, pois representou tanto o acidente da sua irmã como seu próprio trauma de infância de ser largado emocional e fisicamente, de ser aquele que permaneceu vivo, mas que, inconscientemente, acreditava que os acidentes eram sua culpa, tanto antes como agora.

Jon teve sentimentos que não conseguia colocar em palavras, processar e nem se lembrar: a tragédia do bebê que continuou vivo, do bebê que desabou. Seu colapso não tinha a ver apenas com a morte da irmã; na verdade, era a constante experiência de desconexão entre o bebê que ele era e sua mãe. O sentimento com o qual Jon cresceu — mas do qual nunca esteve ciente — foi a profunda ferida da rejeição materna. Sua ansiedade inconsciente era que ela o havia deixado cair porque não o queria. Essa é a realidade que era devastadora demais para Jon permitir-se saber. Sua solução era agradar a mãe e se certificar de que ele desapareceria de sua própria vida. Jon lutou para viver, confrontando-se constantemente com pensamentos suicidas e sentimentos que batiam de frente com seu direito de possuir qualquer coisa. A criança traumatizada dentro dele foi despertada por meio do acidente da sua filha. Ele precisava entrar em contato com o seu eu amortecido para poder iniciar o processo de vida.

Jon e eu entendemos que a experiência da sua primeira infância ressurgiu no seu colapso, e estávamos determinados a voltar àquele tempo e descobrir como foi aquela experiência, a passar por ela para que Jon pudesse voltar ao mundo.

As SEMANAS SE passaram e Jon começou a se sentir um pouco mais forte. Nós nos encontrávamos toda terça às 11h45. Agora, ele havia começado a chegar bem na hora. Às vezes, até chegava um ou dois minutos atrasado, mas nunca adiantado. Ele se certificava de que era eu quem estava esperando por ele, e não o contrário.

Quando abria a porta, Jon entrava e sempre fazia a mesma piada: "Oi, você estava me esperando?" Nós dois sabíamos que ele estava se referindo à ansiedade que bater na minha porta poderia causar nele, à preocupação de que eu não me lembrasse da sessão, de que eu tivesse me esquecido dele ou que, talvez, quisesse que ele nem aparecesse.

Mas esse nunca foi o caso. Na verdade, eu queria ver Jon. Sei o quanto eu queria protegê-lo, imaginando-o como um bebê à luz do que sabia sobre seu passado e sobre o efeito das interações iniciais entre os pais e os bebês na vida posterior da criança.

Nos Berçários Hampstead de Londres, durante a Segunda Guerra Mundial, Anna Freud foi a primeira pesquisadora de que se tem registro a iniciar uma observação cuidadosa e sistemática de bebês e crianças. Mas foi só muito tempo depois que se iniciou uma revolução no entendimento da mente dos bebês. Na década de 1980, o psiquiatra e psicanalista Daniel N. Stern introduziu a pesquisa contemporânea sobre bebês na psicanálise e mudou muitas das velhas suposições sobre o desenvolvimento infantil. Uma das correções mais importantes que ele fez foi sobre a teoria dominante da década de 1960 de que, de início, os bebês têm uma "mente autista" e que, portanto, não conseguem interagir com o mundo ao seu redor. A pesquisa atual sobre bebês subverteu essa suposição; na verdade, os bebês se comunicam com as pessoas desde o nascimento. Eles estão cientes do seu entorno; respondem a olhares, vocalizações, pausas e expressões faciais das pessoas ao seu redor; e estão em constante diálogo com as pessoas.

Interações entre bebês e seus pais são o foco da atual pesquisa sobre bebês. A microanálise de vídeo é um dos métodos usados para estudar e codificar suas comunicações momento a momento. No seu laboratório, a pesquisadora Beatrice Beebe e sua equipe da Universidade Columbia convidaram mães para brincar com seus filhos como fazem em casa. Usando duas câmeras — uma filmando o bebê, posicionada em uma cadeirinha infantil de frente para a mãe, e outra focada no rosto e no torso superior da mãe —, eles geraram uma visualização em tela dividida com a mãe e o bebê.

Essa pesquisa se concentrava em alguns dos aspectos das interações verbais e não verbais, tal como olhar e desviar o olhar um do outro — em geral, os pais olham para os filhos, ao passo que estes alternam entre olhar para os pais e desviar o olhar, o que lhes permite regular a intensidade do estímulo gerado pelo contato visual. Ela detectou as suas expressões faciais, suas vocalizações e analisou quão bem coordenadas eram suas expressões faciais e movimentos. Os pesquisadores ouviram e codificaram o vai e volta da comunicação verbal e a alternância entre a mãe e o bebê nesse intercâmbio.

Observando a tela dividida, Beebe destacou que as responsáveis tendem a se harmonizar com movimentos, gestos, olhares e expressões dos bebês, e que estes respondem a cada nuance do comportamento das suas mães. Havia um ritmo cocriado pelos bebês e suas responsáveis. Em geral, a mãe parecia feliz quando o bebê sorria e demonstrava preocupação quando o bebê chorava. Ela diminuía a intensidade do seu comportamento quando o bebê virava a cabeça; ela abaixava a voz quando o bebê parecia estressado; e ela tentava estimular o bebê quando ele voltava a olhar para ela. A mãe falava com o bebê e, então, lhe dava a oportunidade de falar. O bebê respondia vocalmente da sua própria maneira. Cada um acompanhava o ritmo do outro ao alternar as vezes.

O intercâmbio ideal entre pais e seus filhos não significa sincronia absoluta ou combinação "perfeita" e respostas super-rápidas. Em vez disso, a comunicação dinâmica evolui, incluindo momentos de falta de sincronia e possíveis desentendimentos, seguidos de momentos de ressincronização e reajustes.

Esses estudos destacam o fato de que rupturas são uma parte inevitável de qualquer relacionamento. Na verdade, em 1989, Jeffrey F. Cohn e Edward Z. Tronick indicaram que a interação imperfeita e a desarmonia na comunicação são a regra, não a exceção. Eles mostraram que pais "satisfatórios" estão um pouco em desarmonia e dessincronizados com seu filho 70% do tempo e em sincronia apenas 30% do tempo. Eles sugerem que um bom relacionamento não é o resultado de um nível perfeito de harmonização, mas de reajustes bem-sucedidos. Os momentos em que os pais voltam a estar em harmonia com o bebê são importantes. Eles são a base da futura confiança, sobre a qual os pais e o bebê aprendem que podem voltar a um mesmo ritmo que lhes permita serem vistos e entendidos um pelo outro.

Mais de cinco décadas de pesquisa destacam as implicações da interação inicial entre os pais e o bebê em seus futuros desenvolvimento, conexão e saúde mental. Esses estudos indicaram algumas das dificuldades que os bebês poderiam ter na sua vida futura como crianças e adultos com base na sua conexão inicial com seus responsáveis. Por exemplo, uma grande pesquisa se concentrou na resposta parental, que é uma das principais qualidades para uma conexão segura. A pesquisa indicou que a baixa resposta maternal entre as idades de 3 e 9 meses resultaria em uma conexão insegura à idade de 12 meses, sentimentos negativos e comportamento agressivo aos 3 anos, e em outros problemas comportamentais a partir dos 10 anos.

Tentei imaginar Jon como bebê, reconhecendo sua retração como adulto. Tentei imaginar o que ele viu nos olhos da sua mãe: dor, raiva, culpa e sua falta de resposta em relação a ele. Perguntei-me o que ele sentiu, mesmo quando isso não lhe era diretamente comunicado. Estou ciente de que há muita coisa que não sei e que, possivelmente, jamais saberei. Algumas dessas experiências iniciais estão seladas para sempre.

JON ENTROU NO consultório e se sentou na poltrona.

"Ontem à noite, conversei com Jake, meu irmão mais velho", disse ele. "Contei a ele sobre a minha terapia. Eu lhe disse que muitas coisas sobre a minha infância estão vindo à tona agora, especialmente do tempo em que eu era um bebê. Foi surpreendente, devo lhe dizer. Jamais pensei que conseguiria conversar sobre essas coisas e fiquei chocado quando ele me disse que estava fazendo terapia há anos. 'Tivemos que lidar com muita coisa quando éramos crianças', observou Jake, 'especialmente você'.

"'Por que eu?' Fiquei um pouco confuso. 'Vocês conheciam Jane. Eu não.'"

Jon fez uma pausa e me encarou.

"Meu irmão, Jake, disse que, na terapia, ele percebeu que havia dois tipos de pessoas: aquelas que haviam tido uma perda e aquelas que nunca tiveram nada para início de conversa. 'Eu lutei com essa ideia', contou Jake, 'e sempre digo à minha terapeuta que você, Jon, diferentemente do resto de nós, que perdemos algo, nunca teve nada. Eu digo a ela: "É por isso que, dentre nós, ele é o que tem mais feridas."'"

"Dá para imaginar o quão confuso eu fiquei com isso", disse Jon. "Eu lhe disse: 'Jake, não sei do que você está falando.' E, então, ele basicamente me disse que tinha 8 anos quando meus pais descobriram que a minha mãe estava grávida de mim, e que ela ficou muito irritada e zangada. Ela não queria outro bebê, e ela culpou meu pai pela gravidez e queria fazer um aborto. Houve muitas brigas e eles não se falaram por um tempo.

"'Então você nasceu e, alguns meses depois, Jane morreu', disse Jake, e me senti como se tivesse levado um chute no estômago. Tudo sobre o que você e eu conversamos passou a fazer sentido de repente. Para começar, eles não me queriam." Ele olhou bem nos meus olhos. "Meus pais nunca quiseram um quinto filho. Quatro era suficiente para eles. Eles acabaram ficando com quatro, mas não com o quarto que queriam."

Ficamos em silêncio.

Fiquei atordoada, mas não surpresa. Em geral, é fácil reconhecer pessoas que não foram formalmente convidadas para virem ao mundo. Elas são como visitantes, forasteiros que talvez estejam partindo a qualquer minuto. Como Jon, muitos desses pacientes não têm uma existência coerente, e, assim, na terapia, é mais difícil para eles criarem uma narrativa clara dos períodos iniciais da sua vida.

Em um artigo inspirador de 1929 intitulado "Filhos Indesejados e Seu Instinto de Morte", o psicanalista húngaro Sándor Ferenczi descreveu pessoas que vieram ao mundo na forma do que ele chama de "convidados indesejados da família". Ferenczi faz uma ligação direta entre ser um bebê indesejado e ter um desejo inconsciente de morrer. Ele descreveu esses pacientes como pessimistas, céticos, cheios de desconfiança dos outros e tendo fantasias suicidas. Ele descobriu que eles tinham uma história em comum: todos eram bebês de gravidezes não desejadas, quer soubessem disso ou se fosse mantido como um segredo de família. Ferenczi os descreveu como pessoas que morrem com facilidade e prontidão.

Jon inspirou profundamente. "Estou bem", disse ele. "Não é engraçado? O pior foi confirmado para mim, mas, em vez de me sentir mal, me sinto melhor. Lembra-se daquilo que você sempre me diz? De que sou um bebê sem uma história? Agora eu tenho uma. Talvez não seja uma história feliz, mas é verdadeira e é minha."

Sei que Jon ainda tem muito o que processar. Muitas perguntas a fazer, muito a lamentar, do que ficar com raiva e perdoar.

Hoje em dia, quando Jon entra no meu consultório, ele não me pergunta mais se eu estava esperando por ele. A mãe, sua mãe, a que não estava esperando por ele, não está mais escondida, e agora podemos falar sobre ela em vez de reviver seu relacionamento com ela. Jon ama sua mãe, mas agora ele se sente livre para sentir o insulto e a humilhação da rejeição e de nunca a ter tido de verdade.

A liberdade de ter os pensamentos mais perturbadores e sentir as emoções mais dolorosas traz com ela a experiência de se estar vivo. Este é um direito de nascença — negado anteriormente — que finalmente permitiu a Jon ter a capacidade de escolher a vida.

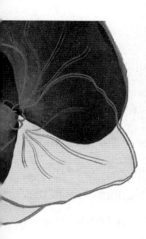

7

PERMISSÃO PARA CHORAR

Quando eu era jovem, estava familiarizada com a unidade militar na qual meu paciente, Ben, havia servido; alguns dos meus amigos fizeram parte da mesma brigada de comando de elite das Forças de Defesa de Israel. Ben era combatente nessa unidade por volta da mesma época em que eu estava servindo no exército israelense como cantora da unidade de entretenimento. Agora, no meu consultório em Nova York, 30 anos mais tarde, reuni informações sobre ele e lhe perguntei sobre seu serviço militar. Ele me informou o nome da sua unidade, a anotei e concordei com a cabeça.

Lembro-me do dia em que minha banda foi enviada para tocar na base daquela unidade. Nada me pareceu incomum ou dramático, com a exceção de que eu estava apaixonada pelo baterista da banda e que era perigoso demais para nós voltarmos para casa naquela noite, e que tivemos que ficar e dormir lá, em Khan Yunis, Gaza. Isso aconteceu em 1989, e me lembro que nos deram armas, dizendo que eram para ser usadas em caso de emergência. Eu não lembrava como usar uma arma, embora tivesse tido o treinamento básico poucos meses antes. Minha melhor amiga e eu concordávamos que matar alguém trazia um carma ruim. Assim, durante o treinamento, só fingíamos que havíamos prestado atenção, mas, no fim das contas, não sabíamos como usar uma arma direito. No caminho para Khan Yunis, isso não parecia ser importante. "Em caso de emergência", pensamos, "vamos dar um jeito".

Os soldados da unidade especial nos enviaram em um ônibus blindado, e uma carreata nos acompanhou na viagem até Gaza. As estradas eram tão esburacadas que, em certo momento, o produtor musical da banda, um homem mais velho, na casa dos 30, que era músico e serviu na unidade como soldado de reserva, decidiu se sentar no chão. Olhamos para ele, rindo, e perguntamos: "Ei, o que está havendo? Está tudo bem?"

Para a nossa surpresa, ele começou a chorar. "Minha esposa está grávida. Não me disseram que íamos para Gaza. Eu não me alistei para isso. Isso é loucura."

Olhamos uns para os outros, sem saber o que fazer. Não entendíamos por que ele achava que isso era loucura. Havíamos viajado a todas as zonas de guerra e nunca achamos que nenhuma delas fosse especialmente intensa. Esse era o mundo no qual fomos criados. De certa forma, a segurança nacional instável e nosso serviço militar obrigatório pareciam um incômodo irrelevante, e que a vida tinha a ver com o futuro, não com o presente nem com o passado. Ela era composta de esperanças e grandes sonhos, ignorando nossa realidade externa com grandes amizades, amor e música.

Olhei em volta e sorri para o baterista, o qual sorriu de volta. Tínhamos nosso segredinho e a guerra ao nosso redor parecia um ruído de fundo.

Naquele dia, tocamos em uma sala pequena, cercados por um grupo de soldados da nossa idade, mas que pareciam mais velhos e que achávamos que eram muito mais valentes do que nós. Sabíamos que, no fim do concerto, não iríamos lhes fazer perguntas sobre os detalhes das suas atividades ou das suas operações especiais, mas a verdade é que nós não estávamos tão interessados nisso. Estávamos mais interessados em ouvir falar das suas experiências no colégio, das suas namoradas que ficaram em casa e em contar os dias até que nosso serviço no exército acabasse.

Agora, na primeira sessão de Ben, ele me disse que, quando fez 18 anos e se tornou um soldado, não fazia ideia do que lhe esperava no campo de batalha e que só agora havia percebido que loucura tudo aquilo foi.

"A maioria dos meus amigos da unidade estão muito mal", contou Ben, "mas eu não tenho TEPT nem nada. Estou bem".

Acho que todos nós estamos bem, pensei comigo mesma. Uma parte de mim realmente acredita nisso, ao passo que outra parte sabe que não pode ser verdade. Estamos bem, mas não estamos nada bem.

Vindo de uma cultura que normaliza as experiências que todos os jovens israelenses vivenciam, Ben falou sobre sua infância em Israel e sobre sua vida atual em Nova York. Ele me disse que se casou com Karen, a mulher com quem esteve desde os 18 anos, e que estavam tentando engravidar. Ele me olhou bem nos olhos e disse: "Eu sempre quis ser pai, desde que era criança. Estou aqui, na terapia, porque quero ser um bom pai."

NA SEGUNDA DE manhã, Ben entrou no meu consultório com um grande sorriso no rosto.

"Doutora", cumprimentou ele, fazendo uma pausa em seguida.

Quando me chama de "doutora", usando o meu título como se fosse um apelido, sei que ele está de bom humor.

"Karen está grávida." Ele sorriu e depois se corrigiu. "Estamos grávidos. Você sabe por quanto tempo eu venho sonhando com esse bebê, e como foi difícil para nós ficarmos grávidos." Ele pausou e me encarou. "Vou ter um menino. Estou dizendo, doutora: vou ter um menino." Ele pôs as mãos no peito e inspirou profundamente. "Se Deus quiser, vou ter um filho", falou ele, com seriedade.

Na sessão seguinte, Ben me contou um sonho que teve: ele era um bebê e estava dormindo sobre o peito do seu pai. Seu pai lhe deu um beijo na bochecha e sussurrou no seu ouvido: "Chore, bebê. É hora de chorar."

"Que estranho", refletiu Ben. "Em geral, os pais não pedem que seus filhos chorem. E, em especial, o pai não incentiva seu filho a ser como um bebê e chorar."

"O que lhe vem à mente quando pensa no seu pai e no choro?", perguntei.

"Que ele sabe que preciso chorar. Que ele me dá permissão, eu acho." Ben ficou em silêncio por um longo minuto antes de prosseguir. "Eu nunca vi meu pai chorar. Até quando seu próprio pai morreu, até quando eu fui para o exército e todos os pais ficaram perto dos ônibus derramando lágrimas, meu pai não chorou. Ele só ficava andando para frente e para trás e, então, veio e me deu um abraço bem apertado e disse: 'Não precisa chorar, garoto. Faça exatamente o que precisa fazer e que Deus o acompanhe.'"

"Quando você tinha 18 anos e estava se tornando um homem, seu pai te disse para não chorar. E, agora que você descobriu que vai se tornar pai, ele te abraça no seu sonho e te diz que é hora de chorar."

Ben concordou com a cabeça e percebemos que temos muito para entender sobre essas lágrimas permissíveis, sobre pais, filhos e a mescla entre vulnerabilidade e masculinidade.

Ben me falou sobre seu pai, que nasceu no Iraque e fugiu com sua família para Israel na década de 1950. Por ter pais que fugiram do Irã e da Síria para Israel por volta da mesma época que o pai de Ben, eu estava familiarizada com as complexidades da imigração. No início da década de 1950, Israel era um novo país. Ele foi criado sobre o trauma do Holocausto.

No fim da Segunda Guerra Mundial, muitos sobreviventes do Holocausto encontraram um lar em Israel, onde se juntaram aos imigrantes do Leste Europeu que haviam deixado suas famílias na Europa e se mudado para lá antes da guerra. Os imigrantes que se mudaram antes da guerra eram os sionistas, os quais eram considerados os "verdadeiros sabras" (ou *tzabarim*, em hebraico), nome que vem de uma pera de casca grossa e espinhos por fora, mas macia e doce por dentro. Esse termo começou a ser usado na década de 1930 para diferenciar os antigos judeus europeus dos novos sionistas. Os sabras foram ensinados a serem durões, fisicamente ativos e a não sentirem vergonha, o que era o oposto dos antigos judeus estereotipados, que eram considerados molengas e passivos. Os novos judeus não eram religiosos nem estudavam a Torá; antes, eles se dedicavam ao trabalho na terra e aprendiam a lutar, primeiro no movimento da resistência e, depois, no exército israelense.

Após o Holocausto e, em grande parte, em reação a ele, o estado israelense foi fundado e se tornou o lar para judeus do mundo todo. A primeira onda de imigrantes foi de sobreviventes traumatizados que haviam perdido tudo na Europa. A imigração seguinte, nos anos 1950, incluía países do Oriente Médio: Marrocos, Iêmen, Irã, Iraque, Egito, Síria, Tunísia, entre outros.

Com o passar dos anos, o novo país de Israel passou a privilegiar consistentemente seus habitantes nativos em vez dos imigrantes recém-chegados. Seu objetivo era criar uma nova cultura, e os imigrantes foram incentivados a abandonar sua identidade original e a adotar a identidade dos judeus sabras. Do ponto de vista psicológico, podemos ver como isso foi uma maneira de lidar com o gigantesco trauma da perseguição. Os novos judeus — combatentes — representavam uma transformação de vítimas passivas em vitoriosos ativos, de uma minoria fraca em uma nação forte.

Meus pais, bem como os de Ben, faziam parte da onda da década de 1950 da imigração de judeus sefarditas.[1] Eles vinham de uma cultura diferente; falavam árabe e eram considerados incultos e até primitivos. A hegemonia europeia branca traumatizada discriminava esses imigrantes e os tratava como um grupo minoritário inferior. Eles viviam na pobreza e tinham muita vergonha não só por causa da sua falta de recursos e da sua dificuldade de se adaptar à nova cultura, mas também de serem considerados mal-educados e culturalmente inferiores. Eles falavam a língua "errada", ouviam à música "errada" e trouxeram com eles uma cultura não europeia e práticas que eram inaceitáveis e até mesmo ameaçavam a autoridade sionista privilegiada branca.

Para se assimilar à cultura israelense, todos os imigrantes deveriam falar hebraico; iídiche e árabe não eram aceitáveis. Pedia-se aos imigrantes sefarditas para mudarem seus nomes para nomes israelenses, os quais, em geral, lhes eram dados por um escrevente na fronteira. Minha mãe, Suzan, se tornou Shoshi; minha tia, Monira, se tornou Hanna; e Tune se tornou Mazal. Essa tradição continuou por muitos anos. Até na década de 1990, os judeus etíopes que imigraram para Israel foram

---

[1] O termo "sefardita" é frequentemente usado em Israel para se referir aos judeus provenientes do norte da África e do Oriente Médio que imigraram para Israel nessa época. Os judeus mais antigos daquela região são chamados "mizrahim", e o próprio termo "sefardita" também é usado para designar os judeus da Espanha e de Portugal. [Nota da Editora]

convidados a trocar de nomes. Essa foi uma forma de comunicar aos imigrantes que sua identidade anterior não era bem-vinda e que deveria ser substituída por uma nova. Era uma promessa de pertencimento, de que abandonar o passado resultaria em um futuro novo e melhor. Na verdade, os imigrantes acabaram não pertencendo nem ao velho, nem ao novo mundo; eles estavam presos em um limbo cultural.

A imigração da minha própria família, assim como a de Ben, sempre foi um assunto relacionado com a minha infância. Eu sabia que meus pais haviam fugido para Israel enquanto ainda eram crianças com suas famílias. Minha mãe costumava nos falar sobre aquela noite de 1951, quando fugiu de Damasco. Ela tinha apenas 4 anos na época. Seus pais pagaram um sírio que tinha uma carruagem para apanhar a eles e seus cinco filhos no meio da noite, escondê-los na parte de trás da carruagem e levá-los para o outro lado da fronteira.

Esse homem chegou às 2h da manhã. Todos entraram silenciosamente na parte de trás da carruagem e começaram a viagem em direção à fronteira. Cerca de 30 minutos depois, para a sua tristeza, eles perceberam que a minha mãe, na época com 4 anos, não estava com eles. Eles a haviam esquecido em casa. Voltaram e a encontraram dormindo na sua cama, a pegaram e reiniciaram a viagem até a fronteira.

Eles chegaram em segurança em Israel e passaram a morar em Haifa, uma cidade ao norte do Mar Mediterrâneo, onde árabes e judeus vivem juntos. Alugaram um apartamento com apenas um quarto, onde minha mãe e seus irmãos cresceram.

O pai de Ben se mudou para Israel com sua família saindo de Bagdá, Iraque, quando tinha 10 anos. Durante os primeiros anos, eles moraram no que era chamado de *ma'abara*, um campo de refugiados que o governo havia construído para novos imigrantes de países árabes e muçulmanos. No início da década de 1950, havia mais de 130 mil refugiados iraquianos nesses campos. Os *ma'abarot* eram um símbolo de discriminação contra judeus sefarditas, visto que as políticas de habitação favoreciam pessoas de descendência europeia asquenazim. Às vezes, esses campos tinham apenas duas torneiras para mil pessoas. Os banheiros não tinham teto e estavam cheios de pulgas, e os telhados tinham goteiras quando chovia.

"Algumas pessoas achavam que minha família teve sorte", disse Ben, "porque meu avô conseguiu um trabalho de faxineiro em uma escola local, e eles conseguiram se mudar para Ramat Gan, um bairro na periferia de Tel Aviv. Eles viviam na pobreza. Dá para imaginar como um homem se sentia mal, em especial daquela geração, quando não conseguia sustentar sua família".

Ben me encarou para ver se eu estava entendendo. Afinal, não sou um homem; será que eu sabia do que ele estava falando? Conseguia entender o quão doloroso é ser um homem vulnerável que havia perdido seu poder? Entendi que ele também estava me dizendo algo sobre si mesmo, sobre sua própria vulnerabilidade e suas lágrimas e sobre sua necessidade de ocultá-las para conservar não apenas sua identidade masculina, mas também o orgulho do seu pai e o do seu avô.

"Foi humilhante para o meu avô, o chefe da família, se tornar um imigrante sem idioma, emprego ou status. É desolador pensar no meu avô, que tinha tanto orgulho, se tornando tão fraco e impotente. Na verdade, ele nunca mais conseguiu se recuperar. Ele morreu na vergonha, uma vergonha de ser inferior; de não ser respeitado; de falar apenas árabe, a língua errada."

No fim de cada sessão, Ben me envia um vídeo do YouTube de uma canção árabe. Ele ama Farid El Atrash, Umm Kulthum, Fairuz e Abdel Halim Hafez.

"Meus pais nunca se sentiram confortáveis falando árabe", contou ele. "Eles não queriam se sentir como imigrantes. Mas me lembro da música na casa dos meus avós, e do meu avô cantando e derramando uma lágrima. Eu olhava para ele chorando e sabia que essa música estava cheia de emoções, e sabia que ela o fazia se lembrar do lar que havia deixado para trás."

"Obrigado por hoje, doutora", me escreveu Ben em um e-mail após uma sessão. Dessa vez, ele compartilhou comigo um link de Moshe Eliyahu e sua banda síria.

Eu estava grata pelas canções que Ben compartilhava comigo. Ele não sabia que, como ele, eu conhecia muito bem esse tipo de música; que Moshe Eliyahu era o tio da minha mãe, um cantor famoso da Síria.

Meus avós falavam e escreviam em árabe e escutavam música árabe em casa. Quando os visitávamos em Haifa, ficava claro que a música árabe incomodava minha mãe, e ela sussurrava em árabe: "Dá para baixar o volume um pouco?"

Anos mais tarde, descobri que, no casamento dos meus pais, o tio da minha mãe, o cantor, foi convidado para subir no palco. Ele concordou em prestar honras à noiva e ao noivo e dedicar uma das suas canções mais famosas a eles, "Simcha Gedola Halaila" ("Uma Grande Celebração Esta Noite"). Minha mãe ficou abalada. Como a última coisa que ela queria no seu casamento era música árabe, começou a chorar. Pediram que seu tio parasse de cantar e saísse do palco. Ele nunca mais voltou a falar com ela.

A música árabe se tornou a trilha sonora das minhas sessões com Ben. Nós as escutávamos juntos, e eu ouvia as canções que Ben me enviava por e-mail após as sessões, sabendo que ele não só precisava me apresentar a narrativa da vida da sua família, como também os sabores, os cheiros e os sentimentos que as palavras não conseguiam transmitir sozinhas.

Ben carregava a história da sua família, os fantasmas da imigração do leste para o oeste. A música árabe era sua única maneira de retrabalhar essa história, de confrontá-la, de transformar a experiência passiva de ser uma vítima do desprezo racista na prática ativa da celebração, do orgulho e da posse.

Ben, o garoto que estava guardando a vergonha da sua família de falar o idioma errado, me contou sobre como ele se tornou um orgulhoso soldado de uma unidade de elite da brigada de comando israelense, na qual ser fluente em árabe era uma vantagem. Ele estava em uma unidade de antiterrorismo; eles realizavam operações secretas em territórios árabes urbanos e se disfarçavam falando árabe, ao passo que coletavam informações.

Nós começamos a processar o significado do seu serviço militar e o papel que isso desempenhou na interação entre vítimas e vitoriosos, como aquele que se sente inferior precisa se tornar superior para tentar curar o trauma.

Essa dinâmica também valia a nível nacional; um país fundado sobre o trauma da perseguição resultou em gerações de soldados e combatentes. Toda guerra era uma oportunidade de repetir e reparar as derrotas e as humilhações passadas dos judeus. Em 1982, logo antes da Guerra do Líbano, o primeiro-ministro de Israel, Menachem Begin, explicou por que a guerra era necessária. "Acreditem em mim", disse ele ao seu gabinete, "a alternativa é Treblinka, e decidimos que *não haverá* outro Treblinka".

O desejo de reparação e, dessa vez, de emergir vitoriosos das batalhas, se baseia na ilusão de que, quando fazemos isso, nos tornamos os vencedores. Porém, o fato é que a vitória de um soldado nunca é apenas um triunfo. Também é uma perda e uma ferida, além de ser a repetição do trauma inicial que ela deveria ter curado.

A necessidade psicológica de trabalhar velhas feridas nos traz de volta ao cenário original, onde esperamos transformar o passivo no ativo, onde tentamos fazer tudo de novo, só que diferente desta vez. Queremos reviver, só que desta vez, da forma certa e melhor; queremos nos curar pelo do ato da reparação. Frequentemente, a tentativa de reparação acaba se tornando uma mera repetição. Na nossa necessidade de nos curarmos do velho trauma, acabamos nos traumatizando novamente.

O desejo de curar o trauma intergeracional da imigração ao se tornar um soldado de comando permitiu que Ben se sentisse um vencedor, mas também gerou um novo trauma que começamos a analisar, explorando os laços entre pais e filhos.

Enquanto crianças, o mundo à nossa volta era o único que conhecíamos, e os conflitos militares eram a nossa realidade. As crianças cresciam sabendo que, depois de se formarem do colégio, serviriam no exército, preparando-se para isso ao tentarem se lembrar de que, se ficassem fortes, o Holocausto nunca mais aconteceria.

O próximo passo depois do colégio era, de certa forma, uma maneira de se afastar da vida como a conhecíamos, uma realidade alternativa com suas próprias regras, hierarquias e lutas, mas uma realidade pela qual esperamos durante toda a nossa vida. Éramos soldados, e nem isso parecia estranho. "Afinal", pensávamos, "onde mais estaríamos com 18 anos?".

Todo ano, um pequeno grupo era escolhido para servir nas unidades especiais. Eles passavam por um longo processo de admissão que começava um ano antes, com muitos meses de entrevistas e testes físicos e emocionais.

Ben foi aceito para servir na unidade de comando.

"Eu estava tão orgulhoso", afirmou ele. "Eu não pensava no serviço em si. O meu alvo era ser aceito. Queremos ser aceitos, saber que, dentre todas as pessoas, nós entramos." Ele parecia estar se divertindo, como se soasse ridículo. Então, acrescentou com um sorriso: "Doutora, não acha que o que chega mais perto disso aqui, nos Estados Unidos, é ser aceito em uma faculdade de elite?"

Lembro-me de quão felizes ficávamos pelos nossos amigos que eram aceitos em unidades especiais. Às vezes, ficávamos surpresos com o fato de aqueles que achávamos ser especialmente masculinos ou valentes não serem aceitos, e passávamos a encarar de modo diferente aqueles que eram aceitos, como se tivéssemos descoberto algo sobre eles do qual não sabíamos; um poder secreto.

Minha versão de ser uma "garota da unidade especial" foi quando Matti Caspi, um músico muito respeitado, me aceitou na banda do exército que ele estava criando, e meus amigos ficaram orgulhosos de mim. Éramos adolescentes preocupados com a nossa aparência e com o que os outros pensavam de nós. Os garotos da unidade especial eram nossos super-heróis onipotentes, os homens mais desejáveis, e a nossa sociedade os adorava. Eu sabia que essa era a vitória de Ben, que ele se sentiu reconhecido e havia compensado a "inferioridade" da sua família com seu novo senso de superioridade, de orgulho.

Vivíamos no meio de um paradoxo de ir para a guerra e estarmos apaixonados pelo amor. O amor estava em todo lugar e vivíamos uma intensidade que apenas a combinação de hormônios e a guerra poderiam produzir. Nós nos abraçávamos bem forte porque não sabíamos o que o amanhã traria. Era agora ou nunca.

Lembro-me daquelas noites em que tocávamos para centenas de soldados que já estavam longe de casa por semanas. Eu era jovem demais para entender o que sentia — aquela tensão no ar, uma energia que acho que jamais havia sentido antes ou desde então.

Eu me lembro muito bem de quando tocamos para a unidade da Brigada Golani. Fomos convidados a tocar no último dia do treinamento. O grupo musical tocou todos os dias e, em geral, não sabíamos quem comporia o público de antemão. A unidade de produção cuidou da parte prática. Nós apenas nos encontrávamos todos os dias ao meio-dia. Duchan, nosso motorista militar, esperava enquanto colocávamos os equipamentos musicais e de som no ônibus e, então, viajávamos para o sul, para o norte ou para o leste. Não nos importava aonde íamos e não nos importávamos com o pé de chumbo dele, imaginando que, se tivéssemos um acidente, finalmente teríamos a oportunidade de não fazer o show daquela noite.

A base Golani ficava bem ao norte, cerca de três horas de viagem da nossa base. Estávamos cansados e tiramos sonecas no ônibus. Quando chegamos lá, já era quase noite e tivemos apenas duas horas para montar o palco, comer alguma coisa e começar o show. Olhamos em volta. O lugar parecia vazio.

"Onde está todo mundo?", perguntei.

"Eles precisaram terminar uma coisa e virão para o concerto logo depois", alguém respondeu.

Lembro-me de ter pensado: "Eles podem vir quando quiserem, podem chegar tarde ou nem sequer vir."

Eu ajudei o baterista a montar sua bateria e, então, testamos os microfones.

"Os soldados estão realmente ansiosos por isso", disse mais alguém.

"Também estamos", mentimos.

Esse era o nosso segundo ano realizando o mesmo show toda noite. Naquele ponto, nem sequer gostávamos mais uns dos outros e podíamos cantar aquelas canções dormindo. Mas achamos que não era apropriado reclamar. Afinal, voltávamos para casa quase todas as noites.

"Dá para tocar as músicas mais rápido hoje?", pedimos ao baterista. "Já está tarde e os soldados nem chegaram. Vamos voltar tarde para casa."

Às vezes, quando tocávamos músicas das quais não gostávamos, o baterista realmente as tocava mais rápido, e todos nós achávamos isso engraçado. Mas aquela noite era diferente — por algum motivo, ela parecia muito importante.

Eu não sei de onde os soldados vieram, mas centenas deles começaram a caminhar em nossa direção. Todos eles estavam usando seus uniformes verdes, assim como nós, mas o deles parecia empoeirado, e todos eles portavam um fuzil Galil curto. À medida que mais e mais deles chegavam, sentimos a intensidade do sexo e da agressão, o desejo de tantos jovens reunidos.

Sentimo-nos poderosos, mas sabíamos que esse poder era falso. Como mulheres, éramos objetos de desejo, mas eles não nos queriam; éramos apenas um canal por meio do qual podiam expressar seus desejos. Eles queriam outra coisa: ternura, sanidade, o toque, o sabor da emoção da adolescência. Nosso objetivo era criar a ilusão de que, por um momento, podíamos lhes dar tudo isso. Trazíamos conosco um relance de casa e despertávamos tudo aquilo que eles desejavam. Embora estivéssemos acostumados com o impacto que tínhamos sobre esses jovens, seus uniformes não conseguiam ocultar os garotos que víamos neles. Para nós, eram homens e soldados, mas também nossos amigos do colégio. Sabíamos que havia muitos momentos em que eles queriam chorar, mas precisavam esconder isso — às vezes, até de si mesmos. Eles precisavam cumprir o papel para o qual foram designados: serem os homens que foram criados para ser.

Subi no palco, com as luzes nos meus olhos. Eu não conseguia ver seus rostos, apenas um campo de uniformes verdes. Houve um momento de silêncio. Então sorri e falei: "Golani, estamos muito felizes de estar aqui esta noite." E comecei a cantar "Naarat Rock" ("Uma Garota do Rock and Roll"), de Yitzhak Laor e Matti Caspi.

Quando cheguei na parte da música que fala como a garota fez sexo com o baterista, olhei para trás e sorri para o nosso baterista. Ele não estava tocando a música mais rápido do que o normal, mas, quando ela terminou, eu não conseguia nem respirar.

A dinâmica entre o masculino e o feminino é que o feminino costuma se tornar o recipiente das vulnerabilidades do homem. Eles trabalham como um sistema, e, ao passo que essa dinâmica ajuda um lado a "se livrar" da sua carência e depositá-la no outro, isso costuma impedi-lo de obter um acesso real aos seus sentimentos, negando seu medo, sua impotência, sua culpa e sua vergonha.

Vemos essa dinâmica na relação do homem com as lágrimas, que costuma ser complexa. Na nossa cultura, a divisão entre a feminilidade e a masculinidade é representada pela divisão entre a dureza e a fluidez. A cultura heterossexual costuma supervalorizar a solidez, que é associada com ereção, masculinidade, independência e atividade, ao passo que ela diminui a fluidez, que é associada à feminilidade, vulnerabilidade, passividade e até contaminação. Ser forte está associado a ser duro, a não ser um bebê carente e chorão.

Essa divisão entre o masculino e o feminino se apresenta bem cedo nas nossas vidas. Como uma jovem mulher, reconheci que, quando um homem entra no nosso corpo, essa é uma potencial forma de obter consolo pela sua tristeza, de segurar suas lágrimas. O amor era tão intenso como a guerra, o sexo tão emotivo como a perda e a morte estava sempre no ar.

BEN CONHECEU SUA esposa, Karen, enquanto era soldado.

"Ela ficava esperando por mim na estação de ônibus de Ramat Gan. Quando eu saía do ônibus, nós nos abraçávamos. Às vezes, ficávamos nos abraçando por 30 minutos, no calor, incapazes de nos soltar. Então íamos para a casa dos meus pais, onde minha mãe fazia um grande almoço. Nós comíamos e, então, íamos direto para a cama. Eu estava sempre tão cansado que não sabia como conseguia fazer alguma coisa. Me lembro de acordar no dia seguinte, sentindo o corpo familiar de Karen, me escondendo com ela debaixo das cobertas e me sentindo feliz. Ela era meu santuário. Quando voltava para casa, eu precisava dela."

A unidade de Ben foi elogiada por ser uma unidade antiterrorismo eficaz. Eles realizavam operações secretas em territórios árabes urbanos e se disfarçavam vestindo-se como os habitantes locais. Eles coletavam informações e realizavam operações de alto risco, como o resgate de reféns, operações de sequestros e eliminação de alvos.

Esse grupo foi chamado de Mista'arvim em hebraico, um nome que vem da palavra árabe "Musta'arabi" (aqueles que vivem entre os árabes), referindo-se aos judeus arabófonos que eram "como os árabes", ou culturalmente árabes, mas não muçulmanos.

Ben não é grande. E, devido aos seus olhos verdes, cabelo loiro comprido e traços delicados, ele costumava ser escolhido para se disfarçar de mulher enquanto caminhavam pelos mercados árabes.

Sentado no meu consultório, ele me falou sobre uma nova série da Netflix chamada *Fauda*.

"Você sabe o que significa *fauda*?", perguntou ele.

Depois de eu fazer não com a cabeça, ele explicou: "Esse era o código para ter sido exposto. Gritávamos '*fauda*', que em árabe significa 'bagunça', para avisar aos outros que precisávamos fugir, que havíamos sido descobertos. O cara que escreveu a série e é o protagonista dela foi um soldado da nossa unidade", contou ele, "e muito dela se baseia em coisas que realmente aconteceram. Eu comecei a assisti-la e me peguei pensando: 'Cacete! Isso é loucura.'".

"E o que você assistiu que achou loucura?", perguntei.

"Vou te dizer a verdade", respondeu Ben. "É aquela palavra que você usou na nossa primeira sessão: onipotente. Eu te perguntei o que isso significava e você disse: 'Se refere a alguém que acha que pode fazer qualquer coisa, que acha que tem poder infinito, como um super-herói, sem limites. Deus é onipotente.' Aí você disse: 'Deus não pode morrer. As pessoas só podem fingir que são onipotentes, mas depois pagam um preço por isso.' Me lembro de olhar para você e pensar: 'Uau! De onde veio isso? O que ela realmente está querendo dizer sobre mim?'".

"Sim", falei, "e lembro que você me contou sobre um cara da sua unidade que, durante os primeiros meses de treinamento, estava lendo *Ardil-22*, e, certo dia, olhou para todos e disse: 'Estamos loucos. Eu vou embora daqui', e deixou a unidade. Aí você disse que, mesmo então, sabia que ele havia entendido algo que nenhum de vocês havia entendido.".

"Sim. Ele era o são, embora parecesse completamente insano."

"Era insano ser tão são."

Olhamos um para o outro e ficamos em silêncio por um bom tempo. Então Ben deu uma olhada no relógio, se levantou rapidamente e começou a andar em direção à porta.

"Estou chegando lá, doutora", sussurrou ele. "Estou chegando lá."

BEN CHEGOU 10 minutos atrasado para a sua próxima sessão. Ele nunca havia se atrasado antes, então fiquei um pouco preocupada e consultei meus e-mails para ver se ele havia me enviado algo avisando que chegaria atrasado. Perguntei-me se foi o "chegando lá" da nossa última sessão que não lhe permitiu chegar na hora naquele dia. Será que estava se sentindo nervoso com o que poderia revelar ou descobrir? Estaria tentando diminuir o passo, dizer-me que estávamos adentrando um território perigoso?

À medida que as pessoas se aproximam de materiais emocionais delicados, incluindo os próprios problemas que vieram resolver na terapia, não é incomum que apresentem inconscientemente mais resistência ao tratamento e "acidentalmente" se esqueçam de comparecer, se atrasem ou sabotem o tratamento de outras formas.

O que fez com que Ben se atrasasse? Ele estava bem?

Ouvi uma batida na porta. Ben entrou, ofegante, se desculpou, tirou seu casaco e se jogou no divã.

"Você não vai acreditar, mas, de alguma forma, acabei me envolvendo em uma briga física entre duas pessoas que nem sequer conhecia", explicou ele. "Foi bizarro. Coisas assim já não me aconteciam há anos, e não sei o que pensar."

Ben me encarou e, pela sua expressão, percebi que eu devia estar parecendo confusa ou até desconfiada. Ele sorriu e apontou com o dedo. "Eu sei que cara é essa; você aperta os olhos, eu sei. É como se tivesse um ponto de interrogação na testa."

"Um grande ponto de interrogação", confirmei, com um sorriso. "Fico feliz que tenha percebido."

"Vou contar o que aconteceu", prosseguiu ele. "Eu estava andando de bicicleta quando, de repente, ouvi pessoas gritando e correndo de alguma coisa. Quando cheguei mais perto, vi um cara batendo em outro, em um cara menor. Achei até que ele fosse matá-lo. Então, de repente, o cara maior agarrou o menor e segurou uma faca perto da garganta dele. Tudo aconteceu muito rápido. Parece que eles estavam brigando por causa de uma vaga de estacionamento e as coisas saíram do controle. Eu nem pensei e entrei na briga para tentar ajudar."

Fiquei em silêncio.

"Foi meu instinto, entende?" Ben estava tentando explicar. "As pessoas não deveriam lutar assim; isso é loucura. Eu me aproximei do cara grande e disse: 'Cara, me dê esta faca. Você não quer matar alguém por causa de uma vaga de estacionamento. Acredite em mim. Estou te ajudando. Me dê a faca.' O cara soltou a faca e prontamente me posicionei entre eles e disse ao cara menor: 'Entre no seu carro. Agora!' Aquele cara sabia que eu havia salvado sua vida e ele correu para o carro e foi embora o mais rápido possível. 'Se cuide', eu disse para o cara maior. Então subi na minha bicicleta e fui embora. Desculpe o atraso."

Respirei fundo. "O que posso dizer? Essa é uma boa desculpa", falei, meio que brincando, mas, de fato, muito séria. "É difícil argumentar com um incidente dramático como esse. Posso perceber que alguma coisa o fez entrar de cabeça em vez de se afastar. Você disse que fazia anos que isso não acontecia. É possível que tenha acontecido agora porque está relacionado de alguma forma com se aproximar de algo emocional aqui, na terapia? Está relacionado com estarmos 'chegando lá'?"

Ben não pareceu surpreso nem irritado com minhas perguntas. Concordou com a cabeça.

"Acho que você está certa. Fui até lá porque estava procurando algo."

Eu não havia entendido totalmente do que ele estava falando, mas entendi que Ben precisava se aproximar de alguma experiência emocional não processada repleta de agressão, perigo e, talvez, até assassinato.

"Eu precisava entrar em contato com algo que preferiria esquecer", prosseguiu, "mas isso está me assombrando. Durante as últimas noites, acordei assustado. De repente, estava tendo flashbacks".

Encarei-o e percebi que havia muito que não sabia sobre suas operações no exército.

Ben cobriu o rosto. Observei-o pensando. Então ele disse: "Você estava certa, doutora. Eu lembro que você me disse que o orgulho é nosso inimigo. Se ainda sou um adolescente, brincando de super-herói, buscando vingança, então não sou um homem de verdade."

"Então você finge seus sentimentos, em vez de procurar entendê-los", concluí. "Você revive seu trauma em vez de processá-lo. Eu não sei se existe isso de 'homem de verdade'", acrescentei, "mas acredito que a nossa principal evidência de força é a capacidade de encarar a realidade nos olhos. Quando fazemos isso, protegemos a nós mesmos e a geração seguinte de levar nosso trauma não processado".

"Sei exatamente o que você quer dizer", disse Ben. "Meu pai foi um piloto de tanque na Guerra dos Seis Dias."

Em junho de 1967, quando o pai de Ben tinha 20 anos, a Guerra dos Seis Dias estourou.

Ben não sabe muito sobre a experiência do seu pai como piloto de tanque naquela guerra. "Meu pai nunca falou sobre isso. Só fiquei sabendo pela minha mãe, que o conheceu logo depois da guerra, que ele estava lutando em Jerusalém e que seu melhor amigo morreu bem diante dos seus olhos."

A Guerra dos Seis Dias foi a terceira grande guerra de Israel desde 1948. Foi essa guerra que trocou o velho estereótipo de homem judeu. Os israelenses tinham orgulho dos rapazes que haviam vencido a guerra em apenas seis dias, e uma nova imagem de jovem judeu surgiu. Esse homem não foi visto apenas como mais masculino; ele era como o Rei Davi, que foi capaz de derrotar um inimigo maior com sua força.

O primeiro-ministro Yitzhak Rabin anunciou após a guerra que os *homens* a haviam vencido — não a tecnologia ou as armas, mas os homens que haviam superado seus inimigos em toda parte, apesar destes estarem em maior número e possuírem muitas fortificações. Ele declarou que "apenas seu posicionamento pessoal contra os grandes perigos dariam a vitória ao seu país e para as suas famílias, e que, se a vitória não fosse deles, a alternativa seria a aniquilação".

Assim, o trabalho desses jovens era evitar a aniquilação. Isso lhes deu uma maneira de lidar com o trauma do Holocausto e com a constante ameaça de perseguição contra os judeus. Os homens carregavam o peso da história por adotar um papel hipermasculino. Aos 18 anos, eles deviam começar a se apresentar como confiantes e destemidos.

"Quando era criança, me lembro do meu pai caminhando no meio da noite, gritando", contou Ben. "Ele estava traumatizado. Vai saber o que ele havia visto. Eu nasci apenas alguns anos depois da Guerra dos Seis Dias."

Em hebraico, o nome Ben significa "um garoto". Quando Ben me deu a permissão de escrever sua história, ele também me ajudou a escolher esse pseudônimo, um nome para ocultar sua verdadeira identidade, um que representasse o desejo do seu pai de ter um filho primogênito.

"Quando fui convocado pelo exército, meu pai ficou em silêncio. Ele ficou andando para frente e para trás, sem dizer uma palavra. Então, se aproximou de mim e sussurrou: 'Não precisa chorar, garoto. Faça exatamente o que precisa fazer e que Deus o acompanhe.' Ele já sabia que os homens não são onipotentes; apenas Deus é. Ele sabia para onde eu estava indo e foi quem me abraçou depois de um terrível incidente. Eu não precisei dizer nada a ele. Ele sabia. E ele sabia que eu jamais seria o mesmo."

O terrível incidente sobre o qual Ben ainda não me havia falado era claramente o momento em que ele e seu pai se tornaram uma só pessoa. Eles não precisavam das palavras — nem as tinham — para descrever suas decepções paralelas.

"Você quer me falar sobre esse incidente?", perguntei.

Ben ficou em silêncio por um momento. "Quando era um jovem soldado", contou ele, "eu matei uma pessoa".

Ficamos em silêncio.

"Nunca teria me ocorrido que o que aconteceu na rua hoje estava relacionado, mas, quando você fez essa conexão, percebi que isso era óbvio. Começamos falando sobre minha experiência no exército e, enquanto estava vindo para cá, me encontrei na zona de guerra novamente, dessa vez no meio de Nova York, e entrei de cabeça, como se estivesse procurando algo. Talvez salvar a vida de alguém."

Ben me falou sobre seu dia traumático há quase 30 anos. Estava quente, e eles estavam sentados em uma colina, vigiando um grupo de pessoas no território árabe. De repente, ficou claro que eles estavam cercados.

"*Fauda*", alguém gritou.

Ele me encarou com os olhos cheios de lágrimas. "Eu era o atirador de elite. O cara em quem atirei era um pouco mais velho, talvez na casa dos 30, e pensei comigo mesmo: 'Este homem deve ser pai'", disse ele. "Pai", repetiu, agora com uma voz firme, encarando-me como se estivesse perguntando: entende o que quero dizer?

"Vi que ele estava chegando cada vez mais perto, então atirei bem na cabeça dele. Pude vê-lo claramente pela mira do rifle. Olhei bem nos seus olhos e, então, vi sua cabeça explodindo em 1 milhão de pedacinhos." Ben cobriu o rosto e sussurrou: "É imperdoável."

Fiquei em silêncio. Não havia muito que pudesse ser dito, além de tentar suportar a dor, a culpa e a intensidade do horror.

"Tínhamos orgulho de ter sido escolhidos para servir naquela unidade — adolescentes que não pensavam sobre a vida e a morte, que queriam ser homens corajosos, não garotinhos. Só que agora eu penso comigo mesmo: 'Qual é o problema de ser um garoto?' Agora, quando estou prestes a ter meu próprio filho, tudo veio à tona. Eu acordo no meio da noite e vejo o rosto do homem — eu não consigo parar de ver aqueles olhos nem de pensar nos seus filhos e de lembrar o que fiz."

Ben começou a chorar.

"Não estou chorando por mim", afirma ele. "Não posso consertar o passado. Estou chorando pela injustiça. Estou chorando pela inumanidade. Estou chorando pelas crianças." As lágrimas escorrem pela sua face.

Estou ciente do cruzamento entre vida e morte, passado e futuro, do pai que ele matou e de seu filho, que estava para nascer.

Ben tentou consertar o trauma e a humilhação do passado. Ele queria ser um herói que trouxesse a vitória para casa e restaurasse o orgulho do seu avô, reparasse o trauma do seu pai e curasse as feridas da história. Em vez disso, ele entrou de cabeça nesse trauma. Em vez de ser apenas a vítima, ele se tornou a vítima e o agressor. Matar outro ser humano matou sua alma também.

"*É* hora de chorar", disse eu, fazendo referência a seu pai no sonho. "Você tem muito pelo que chorar. Seu pai tinha razão."

Ben concordou com a cabeça. "Eu era um garoto que achava que era um homem. Agora sou um homem que está prestes a ter um garoto. Vou proteger meu filho. Você é minha testemunha."

Ele enxugou os olhos ao passo que eu sentia os meus se enchendo de lágrimas. Os jovens soldados não choram. Mas os homens — e os pais — finalmente podem começar a ficar de luto.

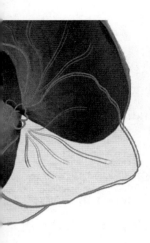

8

IRMÃO MORTO, IRMÃ MORTA

Nossa herança emocional molda nosso comportamento, nossa percepção, nossos sentimentos e até nossas memórias. Desde a tenra infância, aprendemos a seguir os sinais dos nossos pais; aprendemos a evitar suas feridas, tentamos não mencionar e, definitivamente, não mexer no que não deve ser perturbado. Ao tentar evitar sua dor e a nossa, cegamo-nos para o que está bem diante dos nossos olhos.

Em "A Carta Roubada", a última das três histórias curtas de detetive de Edgar Allan Poe, uma carta é roubada do quarto de uma mulher. O leitor não sabe qual é o seu conteúdo, mas sabemos que ela é confidencial e proibida. Os policiais entram na casa onde acreditam que a carta está. Eles a procuram por toda parte, mas não conseguem encontrá-la. No fim das contas, a carta não estava escondida; estava em um porta-cartões comum, à plena vista, e isso confundiu os policiais, que esperavam descobrir uma verdade secreta.

Temos a tendência de supor que devemos estar cientes do que podemos ver. Na verdade, porém, muito do que não sabemos sobre nós mesmos está no familiar e, às vezes, até no óbvio. Com frequência, percebemos que está bem diante dos nossos olhos e ainda assim não conseguimos enxergar.

Quando conheci minha paciente Dana, eu não sabia que os traumas da sua família acabariam se encontrando com os da minha. O trauma da minha família foi revelado e trazido à vida no espaço entre nós. Um fantasma despertou o outro. E, sem percebermos, isso nos levou a novos lugares.

O irmão mais velho da minha mãe se afogou no mar quando ele tinha 14 anos e ela tinha apenas 10. Isso não era um segredo na nossa família, mas era algo sobre o qual nunca falávamos. Todos sabíamos que minha mãe não conseguia falar sobre essa parte da sua infância. Entendíamos que, para ela, lembrar-se era uma forma de superar algo que ela não superou. A garotinha de 10 anos se quebrou em vários pedacinhos e jamais se recuperou. Uma parte dela se foi com ele, e apenas uma foto pendurada na sala de estar dos meus avós permanecia como um lembrete de que, há muitos anos, algo era diferente.

Nós, as crianças, nos mantínhamos vigilantes, procurando nunca tocar no que claramente era uma ferida aberta e o que se tornou um assunto delicado para todos nós.

Às vezes, quando alguém assobiava na rua, nós parávamos de respirar, esperando minha mãe suspirar e dizer: "Meu irmão Eli", com sua voz se tornando como a de uma menininha. "Ele sabia assobiar. Era ele quem assobiava mais alto." Então, ela fazia uma pausa e mudava de assunto.

Para proteger as pessoas que amamos contra a dor, tentamos fazer com que essas lembranças, histórias e fatos sejam esquecidos, dissociados e ocultos das nossas mentes. Nós sabemos, e ainda assim não nos lembramos. Nosso inconsciente permanece sempre leal aos nossos entes queridos e ao fato indescritível nas suas almas. Assim, ao passo que algo familiar vive dentro de nós, nós o tratamos como um estranho por dentro.

É claro que eu sabia que minha mãe havia perdido seu irmão. É claro que eu me lembrava de cada detalhe que havia descoberto. Ao mesmo tempo, eu não sabia nem me lembrava. Essa parte da infância da minha mãe vivia dentro de mim em uma cápsula isolada, não integrada com o resto, e, quando minha paciente Dana entrou no meu consultório pela primeira vez e me falou sobre o seu irmão morto, olhei para as suas lágrimas e não lembrei nem percebi naquele momento que ela era minha própria mãe que havia entrado em colapso. Só sabia que não conseguia respirar.

Dana me disse que queria começar a fazer terapia. "Mas não é sobre o meu irmão morto. Eu sou emotiva demais e preciso aprender a controlar minhas emoções", explicou ela.

Assim como a minha mãe, Dana tinha 10 anos quando seu irmão morreu em um acidente de carro. Agora ela tinha 25 anos. "Por quantos anos uma pessoa pode ficar de luto?", perguntou, frustrada por estar chorando novamente.

Ela contou que se odiou durante todos esses anos por não conseguir viver como uma "garota normal", incapaz de segurar as lágrimas, de ignorar as pessoas que apontavam para ela e sussurravam: "Esta é a garota que perdeu o irmão."

Ela se mudou para Nova York para esquecer, para se tornar alguém novo. "Além disso", continuou, "nem sei se choro por causa dele. Eu sou uma chorona e preciso de terapia para começar a viver".

"Começar a viver", repeti.

"Talvez eu tenha começado, mas então precisei pausar e não sei como dar continuidade", respondeu ela. Observei como seus dedos ficavam batendo na cadeira quando ela perguntou em um tom infantil: "Você sabe como dar continuidade à minha vida?"

O IRMÃO DA minha mãe se afogou no Mar Mediterrâneo. Ela o admirava; ela amava seus assobios, suas piadas e suas ideias brilhantes.

Dana me falou sobre seu irmão. "Ele era a pessoa mais engraçada do mundo", disse ela, com um sorriso, "e, na época, achava que me casaria com ele quando crescesse ou, pelo menos, com alguém como ele". Seus olhos se encheram de lágrimas. Era claro que sua dor ainda era tão profunda que ela não conseguia terminar uma frase sem uma ponta de agonia. A perda nunca pode ser totalmente processada. Mas, nesse ponto, para Dana, ela era uma ferida aberta, e toda vez que ela pensava no assunto, a dor era intolerável. Sei que ela precisava que eu segurasse sua mão e a guiasse por essa terra de dor e aflição. Porém, nesse ponto, eu não conseguia perceber que eu também estava visitando a aflição da minha própria família.

Durante 15 anos, Dana ficou sozinha com sua dor. Ela se recusava a conversar com qualquer pessoa sobre seu passado. Essa recusa foi uma maneira de se proteger do colapso. Mas isso também a obrigou a pausar sua vida. Ela estava congelada no mesmo lugar; uma garota de 10 anos que havia acabado de perder seu irmão.

Após a morte do irmão, seus pais ficaram deprimidos e não conseguiam mais exercer suas funções. Seu pai largou o emprego, e sua mãe não conseguia mais sair da cama. Como em uma perda típica, Dana não perdeu apenas seu irmão; ela havia perdido tudo — sua família e sua vida como a conhecia. Ela não podia incomodar seus pais com sua dor confusa e esmagadora. Ela tentou fazer de conta que tudo estava normal e procurou se esforçar na escola. Mas não conseguia se concentrar e foi reprovada em todas as matérias. "Sou burra", concluiu ela.

Entrar no meu consultório era algo assustador e estranho para Dana. O terapeuta de sua amiga a havia encaminhado para mim. Ela guardou meu número de telefone na bolsa por quase um ano antes de me ligar.

Durante muitos anos, ela tentou não pensar, não saber; ela se desconectava quando sentia demais. Era como se estivesse trancada em um porão escuro e agora estivéssemos tentando acender as luzes aos poucos para não ferir seus olhos.

É difícil não nos sentirmos sós quando o assunto é a dor. Até certo ponto, os sentimentos são isolados, enigmáticos, e nós os transformamos, por meio das palavras, em algo que podemos compartilhar com outros. Mas as palavras nem sempre capturam a essência dos nossos sentimentos e, nesse sentido, estamos sempre sozinhos. Isso é especialmente verdade no que se refere ao trauma e à perda. Para sobrevivermos, nos desconectamos dos demais e de nós mesmos. Choramos pelas perdas — das pessoas que amamos, da vida que tínhamos, do nosso antigo eu.

O luto é uma experiência particular e solitária. Ele não necessariamente une as pessoas; ele costuma afastá-las, de modo que elas se isolam com sua dor, sentindo-se irreconhecíveis, incompreendidas ou invisíveis. Precisamos que outra mente nos ajude a entender nossa própria mente, a sentir e a digerir nossa perda e tudo com que nos sentimos ansiosos demais para nos conectar: nossa vergonha, raiva, identificação com o falecido, culpa e até inveja.

Dana precisava que eu conhecesse seu sofrimento por dentro, sem saber que, na verdade, eu entendia seus sentimentos melhor do que ambas podíamos perceber, embora talvez ela sentisse isso. Eu não precisava me lembrar da minha própria história; eu a estava vivendo. Eu sou sua terapeuta, eu sou a filha da minha mãe e eu mesma sou a mãe de uma filha e um filho. E testemunhei e me identifiquei com minha mãe e com Dana — uma irmã morta para um irmão morto. Todos esses papéis — alguns mais conscientes e outros menos — nos acompanhavam na nossa jornada.

"De certas maneiras, ficamos de luto para sempre", disse eu. Minhas palavras são um lembrete emotivo do fato de que o processo de perda continua durante décadas e gerações, e que meus filhos e eu vivemos com essa perda não processada, à qual minha mãe, que ainda está viva, sobreviveu há mais de 60 anos. Essa dor vive dentro de cada um de nós e, nesse sentido, faz parte da herança da nossa família.

DANA SE LEMBRA do momento vividamente. Aconteceu alguns dias antes das férias de verão. Embora todos tivessem ido à escola, era evidente que os professores já haviam largado mão. Os alunos estavam planejando a festa de fim de ano quando alguém bateu na porta da sala de aula.

A minha própria mãe estava sentada perto da mesa da sala de jantar, fazendo a lição de casa, de olho no caderno. Ela era uma excelente aluna e sempre terminava sua lição de casa na hora. De repente, ela ouviu um grito. Era a voz da mãe dela, mas parecia mais o som de um animal ferido.

Dana estava olhando pela janela quando ouviu a batida. O professor abriu a porta, e Dana viu a enfermeira sussurrando algo no ouvido dele. Ambos pareciam muito sérios. Então, o professor disse: "Dana Goren, a enfermeira precisa que a acompanhe até seu consultório."

Minha mãe ouviu a mãe dela gritando, chorando e berrando: "Meu filho, onde está meu filho? Traga o meu filho de volta." A vizinhança inteira conseguia ouvi-la. Então, os vizinhos vieram e se reuniram lá em casa, chorando e pedindo a Deus para que tudo isso fosse um grande engano. De repente, a mãe dela estava deitada no chão.

Dana entrou silenciosamente no consultório da enfermeira. Quando a porta abriu, ela viu seus pais. Eles lhe pediram que ela se sentasse ao lado deles.

"Daquele ponto em diante, não me lembro de muita coisa. Lembro que não conseguia entender bem o que estava acontecendo. Todo mundo estava chateado e eu era invisível. Eu sabia que alguma coisa horrível tinha acontecido."

Dana estava chorando. Eu chorei com ela, e parecia que essa tinha sido a primeira vez que eu havia ouvido falar de algo tão terrível, doloroso e devastador. Era a primeira vez que tive que pensar em uma jovem irmã perdendo seu irmão, e, de muitas formas, foi a primeira vez que me permiti imaginar o inimaginável.

Assim como minha mãe, nunca me permiti pensar nessa experiência, superá-la ou senti-la. Dana havia me levado a um lugar onde um segredo de família estava enterrado. Não lembrar nos permite manter certas coisas "longe de casa" e evitar entrar em territórios que, de outra forma, poderiam ser perigosos demais. Fui até lá com Dana sem realmente perceber aonde estava indo, seguindo-a silenciosamente para visitar uma sepultura oculta.

Dana chorou por dias, meses. Ela chorou e, às vezes, eu chorava com ela, explicando por que ela estava chorando, o quão confusa e assustada ela estava, como isso a fazia se sentir culpada, feia e suja. Como ela havia visto seus pais desmoronarem, mas não podia fazer nada. Como ela morreu com seu irmão.

Aos poucos, ela começou a se sentir menos sobrecarregada e começou a voltar a viver.

Durante o último ano de Dana na terapia, dei à luz minha terceira filha, Mia.

"Ela vai ter um irmão mais velho", gritou minha mãe quando recebeu essa notícia. Sei que ela se vê como uma irmã mais jovem, o que me fez pensar em Dana.

Alguns dias mais tarde, recebi um e-mail de Dana.

"Bem-vinda, garotinha", escreveu ela para a minha nova filha. "Escrevo-lhe, nova irmã, como uma jovem irmã que voltou a viver."

PARTE III

NÓS MESMOS

Quebrando o Ciclo

A Parte III aborda os segredos que ocultamos de nós mesmos e a busca pela verdade: a exploração do amor verdadeiro, a intimidade genuína, a amizade real e o processo de cura. Ela examina a jornada que precisamos fazer para nos conhecer, lidar com os traumas do nosso passado e aceitar nossas próprias falhas e limites, incluindo os das pessoas ao nosso redor. Analisar a herança emocional que podemos transmitir à geração seguinte é um passo a mais que podemos dar para quebrar o ciclo do trauma intergeracional. Esse é o trabalho emocional que fazemos não apenas por aqueles que vieram antes de nós, mas também pelos nossos filhos.

Com frequência, o perigo da intimidade se torna evidente nas famílias. Os pais transmitem aos filhos sua ambivalência quanto a serem vulneráveis. Eles costumam evitar um intercâmbio real de intimidade ou se escondem por trás das suas feridas, criando uma falsa intimidade e fazendo com que os filhos se tornem responsáveis por eles.

Enquanto somos crianças, vivenciamos os temores dos nossos pais e os herdamos, vendo o mundo assim como nossos pais viram e defendendo-nos de maneiras similares. Embora nos esforcemos para guardar os segredos da nossa família, estamos, na verdade, tentando guardá-los de nós mesmos.

Aquilo que não nos permitimos saber faz com que não saibamos coisas sobre nós mesmos, nos impede de conhecer outros ou que outros nos conheçam bem. A Parte III descreve o processo constante de examinar nossas vidas, as cicatrizes dos traumas da nossa infância e o desejo de sermos pais melhores do que os nossos pais foram. Ela examina os conflitos no que diz respeito à lealdade tal como é descrita em relações românticas, entre pais e filhos e na amizade entre mulheres.

A crescente habilidade de integrar e processar a dor nos ajuda a encontrar significado, nos curar, viver a vida ao máximo e criar a geração seguinte com honestidade e integridade.

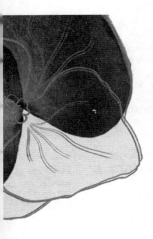

9

O SABOR
DO SOFRIMENTO

É RARO QUE eu seja pega desprevenida pelos segredos dos meus pacientes. Mas não estava preparada para o que descobri após a morte de Isabella.

Eu nunca me encontrei pessoalmente com Isabella. Ela era a melhor amiga de Naomi, minha paciente.

Não é incomum que os terapeutas sintam que conhecem os amigos, amantes e familiares dos seus pacientes. De certa forma, acompanhamo-los à distância, como se fossem personagens de um livro que gostamos. Nunca vamos nos encontrar pessoalmente com eles, mas os conhecemos intimamente e temos sentimentos por eles. Apegamo-nos às pessoas que fazem parte da vida dos nossos pacientes; acompanhamos suas histórias; vemos como mudam junto com nossos pacientes e testemunhamos seus relacionamentos se desenvolverem ou até acabarem.

Naomi já estava fazendo terapia comigo há três anos, e foi assim que conheci Isabella, que era sua melhor amiga desde a infância. Ambas cresceram como filhas únicas e, em certo sentido, foram como irmãs uma para a outra.

Naomi pegou um lenço da caixa que estava sobre a mesinha. Ela estava abalada. Ela me disse que Isabella havia sido diagnosticada com câncer de ovário e que os médicos não sabiam quão grave era ou se podia ser tratado.

Ficamos em silêncio.

Isabella havia dado à luz há apenas alguns meses. Ela sempre quis uma grande família e, quando descobriu que tinha o BRCA1, ou gene do câncer de mama, ela e seu marido decidiram que deviam ter outro filho rápido. Então, ela faria a cirurgia que acreditava que salvaria sua vida: uma mastectomia dupla.

"Agora já é tarde", sussurrou Naomi, acrescentando imediatamente: "Mas a Isabella é corajosa. Se alguém consegue, é ela."

Percebi que Naomi se consolava por idealizar Isabella.

Naomi e Isabella se conheceram quando tinham 9 anos e ambas entraram em um grupo de teatro musical depois da escola na pequena cidade onde cresceram.

"Isabella era uma dessas garotas que não dava para ignorar", contou Naomi em uma das nossas primeiras sessões. "Ela era linda, inclusive quando era uma garotinha, e agia como se soubesse que era talentosa e atraente, não precisando que outros lhe dissessem isso. Todas queríamos nos aproximar dela, tentando ser suas amigas, querendo ser ela."

Na quarta série, o grupo de teatro musical apresentou *Aladdin*, e Isabella ganhou o papel principal de Jasmine.

"Isso não foi surpresa para ninguém", contou Naomi, com um misto de orgulho e inveja. "Isabella não tinha apenas talento; mesmo quando era menina, assim como Jasmine, ela era uma princesa que acreditava no amor e lutava contra a injustiça. Todas nós invejávamos como ela expressava suas opiniões livremente; ela não tinha medo dos adultos e não obedecia à autoridade."

Isabella se recusou a aceitar o papel principal. Ela encarou o diretor e disse que não era justo que ela interpretasse o papel de Jasmine porque ela era uma aluna nova e o papel deveria ser dado a alguma aluna que já estivesse lá há mais tempo.

"Ela não tinha medo", repetiu Naomi, e eu sabia que ela não conseguia identificar o medo de Isabella por trás do seu ato de rejeitar o papel principal. Pensando na sua própria vida, comparando-se com Isabella, Naomi só conseguia ver a coragem da sua amiga. Ela se sentia paralisada, incapaz de ser dona da própria vida.

Nem sempre ficava claro quem era a protagonista da vida de Naomi. Às vezes, parecia que ela havia dado esse papel a sua mãe ou a Isabella, ao passo que ela aceitava o papel de coadjuvante. Ao falar sobre sua infância, Naomi descreveu seus pais como o casal perfeito e sua mãe como boa, encantadora, linda e amorosa. Parecia que ela testemunhava o amor dos seus pais como que através de uma vitrine. Ela admirava sua mãe e o relacionamento entre os seus pais. Naomi encontrou uma maneira de replicar essa dinâmica infantil com Isabella, a quem ela idealizava.

Naomi havia decidido começar a fazer terapia porque se sentia infeliz, mas não sabia por quê. Durante nossa primeira sessão, ela descreveu como havia crescido em uma família amorosa e estável e me falou sobre Isabella, que — diferentemente de Naomi — foi criada por uma mãe solteira em um lar volátil. Ela me contou que Isabella era aquela que estava sempre procurando respostas, ao passo que ela, Naomi, nem sequer fazia as perguntas. Agora ela estava em busca de algo, só não sabia o quê.

Às vezes, mesmo durante seu próprio tratamento, Isabella se tornava mais importante do que Naomi. Inclusive no meu relato da história de Naomi, muitas vezes a história de Isabella tem precedência. Essa encenação recorrente nos leva ao âmago da luta interna de Naomi com o conhecer e o ser conhecida, com sentimentos de inferioridade e competição. Naomi e eu nos perguntamos quem e o que realmente conhecemos e o que é empregado como uma forma de ocultação.

"Eu não dormi ontem à noite", disse Naomi, dando início à sessão seguinte. Ela parecia perturbada. "Isabella me ligou tarde e me pediu para ir até a casa dela o mais rápido possível. Ela disse que precisava me contar um segredo."

Naomi fez uma pausa e me encarou. "Fomos sempre tão próximas que achei que não tínhamos segredos. Isso me deixou preocupada. O que será que ela queria me contar?"

Minha cabeça foi a mil. Sentamo-nos e ficamos em silêncio por um longo minuto.

"Vou me encontrar com ela amanhã", falou Naomi, tentando controlar seus medos. "Vai dar tudo certo. Me sinto honrada com o fato de Isabella querer compartilhar seu segredo comigo." Ela sorriu e acrescentou: "Sabia que eu sempre guardei os segredos dela?"

No ensino médio, Isabella passava a maior parte do seu tempo na casa de Naomi. De vez em quando, ela dizia à sua mãe que estava na casa de Naomi, mas ficava na casa do namorado, Sam. Naomi ficava feliz em ser o álibi de Isabella. Afinal, Isabella não era apenas sua melhor amiga, mas uma das garotas mais populares da sua série. Ela era a representante do conselho estudantil, estava no time de vôlei, cantava e tocava guitarra na banda da escola, aprendeu a passar maquiagem antes de todas as outras meninas e era aquela que os garotos mais desejavam.

Sam foi o primeiro namorado de Isabella. Eles estavam no primeiro ano do ensino médio quando Isabella disse a Naomi que estava apaixonada por Sam, um garoto popular e o capitão do time de basquete do colégio. Quando se beijaram pela primeira vez, Isabella correu até a casa de Naomi para lhe contar e, alguns dias depois, ela mostrou a Naomi um bilhete que Sam lhe havia escrito. *Não consigo parar de pensar em você.* Ele assinou com um coração, e as duas ficaram muito animadas.

Isabella e Sam namoraram por alguns anos. Ele foi o primeiro rapaz com quem ela fez sexo, e ela compartilhou esse segredo com Naomi, sua melhor amiga. Quando se formaram no colégio, Isabella e Sam terminaram e foram para faculdades diferentes.

Quando entraram na casa dos 20, Isabella teve uma série de namorados, casos de amor apaixonados, os quais Naomi acompanhou, sempre com um pouco de ciúme e sentindo-se ligeiramente traída quando Isabella colocava seus namorados na frente dela. Naomi queria ser amada assim como Isabella. Porém — assim como no relacionamento com sua mãe —, ela foi testemunha do amor de outra pessoa.

Certo dia, já com seus 20 e tantos anos, Naomi se encontrou com Sam na rua. Ela ligou para Isabella na mesma hora para lhe contar isso. Ela perguntou se Isabella lhe dava permissão de sair com Sam. Isabella não se importou. Ela estava apaixonada por outro rapaz; ela deu sua bênção a Naomi. Alguns anos depois, Isabella foi a dama de honra no casamento de Naomi e Sam.

Agora, já quase com 40 anos, Naomi estava olhando para trás e tentando entender por que não era feliz. Escutei-a enquanto ela começou a falar do relacionamento com sua mãe, da sua amizade com Isabella e do seu casamento com Sam.

"O que eu não estou vendo?", perguntou-se Naomi novamente, parecendo desesperada. Era óbvio para nós duas que ela havia se esforçado para não saber a verdade sobre sua vida e sobre as pessoas ao seu redor.

"Sei que é um clichê", desculpou-se, "mas a vida é curta". Sei que Naomi estava fazendo referência à doença de Isabella, o que fez com que ela entrasse em contato com a fragilidade da vida. Ela se sentia assustada e decepcionada.

"Olhando por alto, eu tenho tudo que sempre quis e amo minha família, mas me sinto como uma grande perdedora, como se a vida devesse ser algo diferente, mais do que é atualmente. Agora Isabella está doente e isso me deixa nervosa." Naomi havia começado a falar mais alto.

"Às vezes, sinto que não conheço ninguém, nem mesmo Isabella. Me sinto traída e não sei por quê."

Entendi o que Naomi queria dizer. Ela enxergava Isabella, bem como sua própria infância e sua mãe perfeita, de modos que não pareciam reais. Ela idealizava o mundo ao seu redor para se proteger de enxergar as coisas como realmente são. Não era apenas o caso de não conhecer os outros; ela tinha medo de descobrir a si mesma.

A idealização é um mecanismo de defesa que serve para proteger a ilusão de que as coisas, ou as pessoas, são perfeitas ou até melhores do que na realidade são. Ela se baseia na divisão entre o bom e o mau que as crianças usam a fim de organizar um mundo seguro e previsível para si mesmas. À medida que crescemos e nos tornamos menos frágeis, permitimo-nos enxergar o mundo como algo mais complexo. Como adultos, às vezes idealizamos para fingir que as coisas são perfeitas, que as pessoas não têm falhas e que não temos sentimentos negativos ou ambivalência com relação a eles.

"Eu sempre quis ser como a minha mãe. Ela era tudo o que sempre quis ser." Naomi me encarou e acrescentou, envergonhada: "Mas fracassei."

Percebi como esses sentimentos eram similares aos que ela tinha em relação a Isabella. Na sua idealização sobre essas duas mulheres, ela fez a divisão entre bom e mau e via as duas como boas e a si mesma como um fracasso. Essa era a sua maneira de se defender contra sentimentos que não podia tolerar ter sobre elas e sobre si mesma. Naomi não se permitia saber o quão ambivalente se sentia sobre elas, o quão invejosa podia ser e quanta raiva podia sentir. Em vez disso, ela dirigia esses sentimentos negativos para si mesma.

"Ela sempre foi melhor do que eu. Ela era linda, inteligente, talentosa, e eu era eu mesma. Sei que isso é infantil, mas sinto vontade de apontar o dedo para a minha mãe e dizer: 'Isso não é justo. Não foi isso que você me prometeu.'" Naomi respirou fundo e acrescentou, irritada: "Meus pais se amavam; eles eram o casal perfeito. Isso não quer dizer que eu deveria ser feliz no meu próprio casamento? Não é assim que funciona?"

Fiz uma pausa e perguntei-me se deveria dizer o óbvio. "Parece que você se sente inferior e talvez até indigna em comparação com a sua mãe."

Naomi pareceu intrigada, como se minhas palavras a tivessem feito reavaliar tudo. Continuei: "Embora o relacionamento dos nossos pais sirva como um modelo para a nossa vida romântica, é o nosso relacionamento com eles que costumamos replicar em relações íntimas posteriores."

Naomi pareceu se assustar. Fiquei preocupada de que talvez eu tivesse colocado em palavras aquilo que era proibido — aquilo que era conhecido, mas que não era permitido ser dito.

"Indigna", repetiu ela. "Me lembro de que, quando tinha 10 anos, disse à minha mãe que não acreditava que eles me amassem como amam um ao outro." Naomi suspirou e prosseguiu. "Minha mãe ficou tão chateada. Ela disse que eu não deveria falar assim, que eles me amavam e que eu cresceria e teria um amor exatamente como o deles." Naomi parou e me encarou. "Mas isso nunca aconteceu", explicou ela. "Sam me ama, mas ele nunca me amou como amou Isabella. Ela foi seu primeiro amor."

Naomi tentou segurar as lágrimas. Ela não queria chorar, mas não pôde evitar. "Espero que saiba o quanto eu amo Isabella", disse ela. "Me sinto destroçada. Me sinto mal em nos comparar agora que ela está tão doente."

Isabella estava lutando pela vida enquanto Naomi estava tentando entender a sua. A doença de Isabella obrigou Naomi a enfrentar os excruciantes limites da nossa existência: de que nada é totalmente bom nem dura para sempre, que todos somos falhos e vulneráveis, e que coisas ruins acontecem com todos nós, até com aqueles que idealizamos.

Antes de partir, Naomi pede para se consultar comigo no dia seguinte, então marcamos uma sessão para depois do seu café da manhã com Isabella.

Naomi vai embora, deixando-me com o coração pesado.

No dia seguinte, Naomi veio até o meu consultório e se jogou imediatamente no meu divã. Seus olhos estavam vermelhos. Ela não conseguia falar, apenas suspirar.

As notícias eram ruins.

Por fim, Naomi quebrou o silêncio: "É terrível. Isabella está morrendo." Ela irrompeu em lágrimas.

Muitas perguntas haviam se passado pela minha mente, mas permaneci em silêncio.

"Isabella me deu pacotes com coisas para dar aos seus quatro filhos após a sua morte", sussurrou Naomi. "Esse era o segredo. Ela não queria que ninguém soubesse desses pacotes."

"Que triste", falei, e Naomi deu mais detalhes sobre os pacotes.

"Tudo começou quando Isabella leu sobre uma mulher que, quando descobriu que ia morrer, preparou jantares para vários anos para a sua família. Essa mulher cozinhou todos os dias por algumas semanas", contou. "Ela colocou tudo em caixas, as rotulou com datas e as armazenou em um grande freezer."

Naomi inspirou profundamente. "Isabella disse que se arrependia de não ter sido uma boa cozinheira. Ela brincou: 'Dá para imaginar se eu os obrigasse a comer minha comida por anos?', e fingi que foi engraçado."

Elas riram juntas, e Isabella compartilhou com Naomi sua ideia de deixar algo para os filhos: cartas e presentes para eventos importantes que ela acabaria perdendo. Elas sabiam que, assim como aquela mãe sobre quem leram, Isabella não podia imaginar se separando dos filhos.

Naomi desviava o olhar. "Muitas pessoas se recuperam do câncer. Ela pode ser uma delas", observou. Percebi que ela estava tentando se tranquilizar, absorver tudo e se sentir menos impotente.

Ela continuou. "'Não pense nisso', falei a Isabella. 'Você vai começar um novo tratamento experimental. Ainda há esperança.' Segurei suas mãos o mais apertado que podia. 'Isy, você é uma lutadora. Ainda não acabou', concluí.

"Isabella não respondeu. Pude ver que ela estava irritada, mas ficou em silêncio e me entregou quatro caixas azuis. Ela me pediu para repetir as instruções a fim de ter certeza de que eu havia entendido o que fazer com as caixas.

"'Abra no seu oitavo aniversário', escreveu ela para a filha em um grande envelope quadrado. Em outro: 'Abra no seu primeiro dia de escola.'

"Havia bilhetes desejando boa sorte, presentes e cartas para aniversários e formaturas. Ela deixou um livro sobre a puberdade para cada filha, o mesmo livro que ela e eu líamos juntas quando tínhamos 12 anos. Foi tão doloroso que, em certo ponto, parei e não pude mais continuar. Queria perguntar: 'Isy, por quê?', mas ela estava determinada e eu sabia que devia fazer o que ela queria que eu fizesse; que, se ela conseguia lidar com isso, eu também deveria conseguir."

Naomi e eu permanecemos em silêncio. Não havia um modo real de fugir da dor, e as palavras não podiam expressá-la.

"Antes de eu ir embora, Isabella parecia agitada. Senti que ela estava tentando me dizer alguma coisa, mas não conseguia. E, devo admitir, não sei se eu queria saber. Já era demais." Naomi meneou a cabeça. "Sinto que fui uma amiga ruim", confessou. "Isabella precisava que eu imaginasse com ela qual seria a sensação de dar adeus aos seus filhos e saber que ela nunca vai voltar a vê-los. Ela precisava que eu soubesse que eles vão precisar dela e que ela não vai estar lá para eles. E não consegui fazer isso. Queria colocar minha dor egoísta de lado e ajudá-la. Queria ter a coragem de perguntar a ela o que estava tentando me dizer."

Naomi deixou meu consultório e fiquei feliz por ela ter sido minha última paciente da noite. Ao caminhar para casa, ouvi o burburinho familiar da cidade que, assim como a máquina de ruído branco no meu consultório, me ajuda a sonhar acordada enquanto estou só.

O bairro Bowery de Manhattan nunca está tranquilo, e seu ritmo frenético faz com que meus pensamentos fluam livremente. Senti um forte impulso de ir correndo para casa e abraçar meus filhos bem apertado e não largar. Lembrei-me daquele sentimento de quando eles eram bebês, de como eu voltava correndo, imaginando nosso encontro — seus sorrisos, seus cheiros.

Em vez disso, acabei perambulado. Andei a esmo no Bowery, indo e voltando no mesmo caminho que faço para ir da minha casa até o meu consultório, e chorei. Chorei por Isabella. Chorei pelos seus filhinhos.

Chorei por Naomi e chorei pelo que ela não sabia sobre a minha vida: que meu parceiro de vida, Lew, estava com câncer de bexiga e estava lutando pela sua vida.

Caminhei pela rua, carregando a dor da minha paciente e minha própria dor, sem saber que Isabella morreria mais cedo do que todos esperavam e que, não muito tempo depois, em uma fria manhã de fevereiro, eu perderia Lew para o câncer.

Peguei-me olhando para um grupo de jovens esperando do lado de fora por uma mesa em um novo restaurante da moda. Os dias em que eu era um deles pareciam muito distantes. Observei-os com nostalgia, vendo apenas a pureza e a inocência. Eles pareciam tão felizes e glamorosos, como se nunca tivessem perdido ninguém, como se nunca tivessem sido destroçados por uma notícia ruim ou percebido que o câncer poderia estar esperando ali, na esquina, sem saber que poderiam perder tudo o que tinham.

A divisão — esse mecanismo primitivo de defesa do tudo ou nada — havia assumido seu lugar novamente, tal como o faz em momentos de assolação, dividindo o mundo entre bom e mau, aqueles que sofrem e aqueles que acreditamos que não conhecem a dor. E as observamos com fascínio e inveja — as pessoas que imaginamos que não sentiram o sabor do sofrimento.

Para Naomi, eu sou uma dessas pessoas. Ela precisa me enxergar como imune, invulnerável, como que vivendo fora das regras da realidade na qual somos todos sobreviventes ou à qual sobreviveremos.

Para ela, é de ajuda me enxergar como forte o suficiente para estar ao seu lado. Entretanto, essa necessidade de me ver como alguém que não sofre faz com que ela se sinta sozinha novamente, conectada com pessoas idealizadas e com o sentimento de que ninguém realmente poderá conhecê-la de verdade.

"Me sinto tão sozinha", expressou. Então, compartilhei com ela o sentimento que todos temos de que precisamos de outro ser humano para ser testemunha e nos acompanhar na nossa jornada emocional da vida, outra pessoa que pode aceitar nossos sentimentos e processá-los conosco. Precisamos ser conhecidos.

Quando Naomi era criança, sua dor não foi reconhecida, o que fez com que ela não a entendesse e a negasse. O apoio emocional que os pais fornecem aos filhos tem a ver com acompanhá-los nas suas vidas, dando nomes aos seus sentimentos, ajudando-os a suportar as emoções intensas que vêm com a vida. Naquele momento, Naomi entrou em contato com a sua solidão, sem saber se eu realmente conseguia entendê-la, ciente da sua preocupação de saber demais sobre sua própria dor e sobre a dor de Isabella.

É só quando processamos nosso próprio sofrimento que podemos oferecer um verdadeiro espaço de vulnerabilidade mútua e de honestidade emocional, um lugar onde podemos reconhecer um ao outro e não tentar saber mais do que ele, consertá-lo ou dar-lhe conselhos otimistas. Antes, estamos disponíveis para fazer companhia, ouvir e carregar nossa própria dor com a dor de outro ser humano.

Nas últimas semanas da vida de Isabella, Naomi se sentou com a família dela ao lado do seu leito de hospital, segurando sua mão.

O filho mais velho de Isabella continuou indo à escola como se nada estivesse acontecendo. É sempre confuso ver como as crianças lidam com a perda, entender as coisas com as quais elas se preocupam e que podem parecer triviais ("Quem vai me pôr na cama à noite?") e não confundir seu estado dissociativo com falta de preocupação ou acusá-las de egoísmo. O luto é uma criatura confusa e imprevisível. Ele muda de aparência a todo momento e costuma vir disfarçado. De certa forma, naqueles momentos insuportáveis, todos somos crianças que precisam que alguém nos diga que há vida após a morte.

No seu leito, Isabella se tornou cada vez mais desconexa.

"Me sinto distante", disse ela a Naomi. "Eu me olhei no espelho hoje e me senti como se já tivesse partido."

Naomi me falou sobre sua culpa e sobre a dor da separação. "Ela está agitada e com raiva", contou. "Sempre me sinto como se tivesse feito alguma coisa errada, que podia ser mais útil, que poderia fazer melhor."

Sei que a culpa que Naomi sente tem a ver com ela estar saudável e viva. Tem a ver com não poder salvar Isabella e por abandoná-la, enviando-a sozinha ao desconhecido. Mas também tem a ver com sentir-se abandonada e destroçada.

Isabella morreu em uma segunda-feira de manhã, quando não havia ninguém com ela.

"Ela estava esperando que todos nós saíssemos", afirmou Naomi.

Agora Naomi está só para processar suas perdas, contar seus arrependimentos, celebrar sua amizade e perguntar-se como pode seguir em frente.

"Dá para imaginar que isso realmente aconteceu? Eu perdi a Isabella. Ela não vai voltar." Ela chorou e chorei com ela. Senti que havia perdido algo também. Mas a minha perda era incomum, irreconhecível. Eu estava de luto por uma mulher que nem sequer havia conhecido e lamentei todas as perdas e chorei por tudo que ainda perderia.

O DIA SEGUINTE estava chuvoso. Na maioria das manhãs, ouço minhas mensagens de voz no celular ao caminhar para o meu consultório. Naquela manhã, estava segurando um guarda-chuva em uma mão e tentando segurar o telefone perto da minha orelha com a outra.

Eu raramente aceito novos pacientes hoje em dia, mas algo naquela mensagem me parecia incomum. Eu precisei ouvi-la novamente.

"Eu preciso ficar de luto, mas não sei como", dizia a voz no celular. Intrigada, retornei a ligação e marcamos uma sessão.

Na semana seguinte, um homem de 40 e tantos anos entrou no meu consultório.

"Oi", disse eu, chamando-o pelo seu primeiro nome. Ele sorriu. Olhei para o seu rosto e tentei procurar algum sinal de perda.

"A mulher que eu amava acabou de morrer", explicou ele, depois de se sentar no divã. "Achei que precisava falar com alguém e uma amiga me deu o seu número. Nem sei por onde começar."

Concordei com a cabeça e ele prosseguiu. "Ela morreu de repente. De câncer. Em um dia, ela estava aqui, e no próximo já tinha morrido."

Ele ergueu a cabeça e olhou nos meus olhos. "Ela me deixou muitos bilhetes", continuou, "uma caixa cheia de cartas de amor. Não sei se ela achou que isso ajudaria. Na verdade, só piora as coisas".

"Ela te deixou uma caixa de cartas?" Minha voz estava bem alta.

"Uma grande caixa azul", respondeu. "A Isabella era assim."

"Isabella?", ouvi-me dizer.

"Digo, a mulher com quem eu estava", esclareceu ele. "Éramos amantes. Tínhamos um relacionamento secreto e nos esforçamos ao máximo para terminar tudo, voltar à nossa vida e esquecer um ao outro. Ela até teve um bebê com o marido dela para tentar ficar casada. Mas nosso amor era mais forte do que a vida. Decidimos viver juntos logo antes de ela receber o diagnóstico. Alguns meses depois, ela estava morta."

Senti meu coração batendo forte à medida que ele continuava. "Ela foi o amor da minha vida, mas o estranho é que, desde que ela morreu, fico me perguntando se eu não a inventei, se ela nunca existiu. Entende o que quero dizer?"

Ele me encarou, e pude ver as lágrimas nos seus olhos — e senti meus próprios olhos se enchendo de lágrimas.

"O amor precisa de uma testemunha", respondi. "Eu entendo."

Pensei em Naomi e em como ela foi uma testemunha devota da vida de Isabella. Pensei em tudo que sabia sobre esse caso e que esse homem não fazia nem ideia disso. Pensei no grande papel que ele teve na vida de Isabella e na sua dolorosa perda. Tantos personagens invisíveis, tantos segredos.

Decidi encaminhá-lo a outro terapeuta. Ele merecia um tratamento à parte, e Naomi merecia minha lealdade. Queria manter a Isabella em alta estima e não confundi-la com a Isabella do homem que tinha acabado de conhecer.

Atordoada, tive de processar meus próprios sentimentos, guardando mais segredos do que nunca. Seria esse o segredo que Isabella queria contar a Naomi ou será que Naomi já sabia disso e guardou esse segredo de mim? Talvez eu nunca descubra. Fui obrigada a recordar do enigma que é a mente humana, perguntando-me se podemos entender totalmente a dor de outra pessoa.

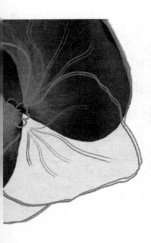

10

O CICLO
DA VIOLÊNCIA

Certo dia nevoso, Guy, um homem de 40 e tantos anos, entrou no meu consultório pela primeira vez. Ele estava usando um casaco cinzento pesado, me cumprimentou com a cabeça e disse gentilmente: "Como você, não estou acostumado com este clima."

Não sei exatamente ao que ele estava se referindo, de modo que esperei por uma explicação.

"Eu nasci na mesma cidade que você", prosseguiu ele, quase sussurrando.

Ele começou a falar na nossa língua materna, hebraico, mas não demorei a perceber que estávamos conversando em idiomas diferentes — um era inocente e, o outro, perigoso.

"Então", falou Guy devagar enquanto tentava encontrar uma posição confortável na poltrona. "Como você escolheu se tornar uma psicanalista quando ninguém mais da sua família está no ramo da saúde mental?"

Que estranho, pensei comigo mesma. Como ele sabe que ninguém mais da minha família é terapeuta? E, se não sabe, por que está supondo isso? Mas não precisei especular por muito tempo, pois Guy prosseguiu: "Sua irmã, ela é arquiteta. E os filhos dela parecem muito legais."

Ele não está supondo, percebi com espanto. Ele sabe.

"Parece que você já sabe uma ou duas coisas sobre mim", respondi, convidando-o a esclarecer as coisas, talvez a confessar que nos encontramos há muitos anos em Tel Aviv ou que temos amigos em comum que me indicaram a ele.

Guy sorriu. "Tenho certeza que sei mais sobre você do que você sabe sobre mim", respondeu. Ele fez uma pausa e acrescentou: "Espero que você tenha gostado das suas férias de verão na Itália."

Como ele sabe disso? Comecei a me sentir ansiosa e irritada. Quem é este cara? Por que ele está aqui?

Em geral, as pessoas começam a fazer terapia porque querem saber mais sobre si mesmas e não sobre seus terapeutas — pelo menos de início. Dito isso, a maioria dos meus pacientes comparece para a sua primeira sessão sabendo pelo menos um pouco sobre mim. Eles pesquisam sobre mim na internet e encontram fotos minhas e descobrem minha idade, local de nascimento e afiliações profissionais. Alguns vão mais a fundo e descobrem coisas sobre a minha vida pessoal, meu envolvimento com a música ou encontram o obituário de Lew, meu parceiro de vida. Nessa era digital, a ideia clássica de neutralidade psicoanalítica é um desafio. Ao passo que, no passado, nossa meta como terapeutas era permanecer objetivos e nos certificar de que nossos pacientes não soubessem nada sobre nós — nem sequer por meio da decoração do nosso consultório —, hoje em dia, trabalhamos com as informações que as pessoas inevitavelmente já têm sobre nós e procuramos o significado único que isso tem para cada paciente.

As informações preliminares que os pacientes têm sobre seus terapeutas contribui para que eles fantasiem sobre quem seus terapeutas serão e sobre como será a terapia. A maioria dos pacientes, porém, limita sua busca para que não descubram mais do que desejam saber ou consigam lidar. Suponho que aqueles que têm uma reação negativa ao meu perfil online não entrarão em contato comigo, e tenho certeza que alguns dos meus pacientes sabem mais sobre a minha vida pessoal do que me dizem ou do que me permito perceber. A maioria dos meus pacientes, porém, não fala sobre sua pesquisa online, em especial não na primeira sessão, e eles comparecem desejando — e temendo — que eu chegue a conhecê-los.

Guy introduziu uma dinâmica diferente. Percebi que ele precisava que eu sentisse que ele havia invadido minha vida privada.

"Está preocupada?", perguntou. "Não tenho certeza, mas você não parece feliz com o fato de eu ter feito essa pesquisa sobre você."

"Você achou que eu ficaria feliz?", perguntei.

Ele deu de ombros. "Não sou um perseguidor nem nada assim. Espero que saiba disso", explicou. "Eu só precisava descobrir. Hoje em dia, vai saber, existem pessoas estranhas por toda parte. Precisava saber se você não era uma doida. E gosto do fato do seu pai ter nascido no Irã. É bastante interessante."

Encarei-o e me perguntei: que razão teria ele para me deixar tão desconfortável? Meu eu profissional deveria saber a resposta, mas me senti paralisada, incapaz de pensar claramente. Lembrei-me de que Guy com certeza queria e precisava que eu me sentisse daquele jeito: insegura e até assustada. Ele precisava me fazer sentir pelo menos tão intimidada quanto ele se sentiu ao entrar no meu consultório, talvez tão alerta quanto ele esteve todos os dias da sua vida.

Eu não sabia do que Guy tinha medo. Mas sabia que ainda não tinha sua permissão para explorar essa questão, que não havia sido convidada para entrar nesse mundo; pelo contrário, era ele quem havia tomado a liberdade de se convidar para entrar no meu.

Confundir o terapeuta com sentimentos fortes, causando medo ou até sugerir fantasias eróticas intensas pode funcionar como uma estratégia de defesa para impedir que o terapeuta pense e, assim, evitar que ele descubra qualquer coisa real sobre o paciente.

O que aconteceria se eu conseguisse pensar, juntar as peças, fazer conexões e descobrir quem ele realmente era? O que eu — ou ele — poderia descobrir que Guy precisa tanto esconder?

O analista britânico Wilfred Bion escreveu no seu artigo "Ataques às Conexões" sobre como as pessoas procuram evitar saber qualquer coisa que esteja além da sua capacidade de tolerar e como evitam as verdades dolorosas das suas vidas. Na terapia, elas inconscientemente atacam a capacidade do psicanalista de trabalhar. Em vez de se esforçarem para criar conexões e atribuir significados, elas se certificam de que nenhuma conexão seja feita — conexões entre ideias e sentimentos, entre o passado e o presente, entre o terapeuta e o paciente. Então, essas conexões são substituídas por desconexões para que os pacientes possam fugir da dor de se descobrirem.

Guy começou a terapia se sentindo exposto demais, então se certificou de projetar — de instilar essa emoção em mim. Agora era eu que estava com medo de ser invadida por um estranho perigoso.

"Você realmente se esforçou para descobrir todas essas coisas sobre mim", respondi finalmente.

Guy sorriu de novo. "Não foi difícil para mim. É assim que ganho a vida. Eu pago algumas pessoas e elas me dão toda a informação de que preciso."

"Você não começaria a fazer terapia com alguém que não conhecesse plenamente", observei. "Me pergunto por quê. O que aconteceria se terminássemos esta sessão e eu soubesse mais sobre você do que você sobre mim?"

Guy pareceu decepcionado. "O que quer dizer?", perguntou. "Você já sabe mais sobre mim do que eu queria." Ele suspirou profundamente. "Talvez seja estranho, mas sinto que você me conhece."

Ficamos observando um ao outro em silêncio. Então, ele deu uma olhada no relógio. "Acho que nosso tempo acabou", disse ele, levantando-se e apanhando seu casaco. "Isso é loucura", murmurou. "Eu não sei o que pensar."

Ele segurou a maçaneta, olhou para mim de novo antes de sair e disse gentilmente: "Agora que você me conhece, acha que devo fazer terapia?"

Guy saiu antes que eu pudesse dizer qualquer coisa, e percebi que não marcamos outra sessão.

Duas semanas se passaram sem que Guy entrasse em contato. Em parte, eu francamente me senti aliviada. Reconheço que, desde a nossa sessão, fiquei um pouco inquieta e procurei entender por quê. Peguei-me pensando em Guy quando estava saindo e olhei em volta para me certificar de que ninguém suspeito estivesse me seguindo. Quando fazia ligações, tinha a sensação de que alguém poderia estar ouvindo. E tive a vontade de recorrer à internet para descobrir mais sobre ele. "Talvez ele seja um criminoso ou um agente secreto", pensei. "Ademais", e me ouvi repetindo suas palavras, "hoje em dia, vai saber, existem pessoas estranhas por toda parte".

Consegui organizar meus pensamentos e lembrei que a paranoia é contagiosa por natureza. As pessoas podem gerar medo nas outras de maneiras imprevisíveis e poderosas e sem que elas se deem conta disso. Essa força inconsciente é um dos motivos pelos quais as teorias da conspiração e o medo se espalham com tanta facilidade. É assim que os líderes assustam o povo sem muito esforço, apontando para o inimigo e prometendo proteção e salvação.

Guy estava certo, eu acho. Naquela sessão, eu realmente descobri algo profundo sobre seu mundo interno e especialmente sobre o quão ameaçado ele se sente.

À medida que os dias passaram, eu ficava cada vez mais curiosa sobre os sentimentos que surgiram em mim. Quando Guy entrou em contato comigo novamente, ofereci mais uma sessão a ele apenas para decidir se gostaríamos de começar a trabalhar juntos.

Era um dia frio de março quando Guy entrou no meu consultório pela segunda vez. Ele me cumprimentou e perguntou se podia ficar de casaco.

"Está uma loucura lá fora", falou ele, apontando pela janela. "Que diabo! Estou dizendo: essa mudança climática vai acabar com todos nós em breve."

"Sim, é assustadora", concordei.

"É mais do que assustadora", replicou. "É uma catástrofe. Está fora de controle e estaremos mortos em breve."

Muitos dos meus pacientes falam sobre a mudança climática, mas Guy parecia um pouco diferente. Seu medo parecia imediato, como se estivesse lutando para permanecer vivo.

Ele se sentou.

"Nós fizemos isso. Nós nos destruímos", concluiu ele. "Na verdade", corrigiu-se, com raiva, "foram eles. Eles fizeram essa merda".

"Eles?", perguntei.

Guy olhou bem nos meus olhos. "A culpa é deles!", exclamou. "Gerações de pessoas que não cuidaram do planeta. Nossos pais, nossos avós, nossos bisavós. Eles criaram esse desastre com suas próprias mãos e agora nós precisamos lidar com isso. Que bagunça. Não vamos conseguir consertar tudo isso; esse é o problema."

Como Guy, acho essa situação perturbadora e preocupante. Mas sei que, embora concordemos, as palavras que escolhemos sempre se originam da nossa história pessoal. A política se mistura com o pessoal. Escutei as palavras de Guy e tentei entender o que ele estava tentando me dizer sobre a sua vida, sobre seus temores e sua dor.

"A destruição que as gerações passadas causaram, a luta na qual elas nos colocaram — você sabe algo sobre isso", observei.

"É claro", respondeu ele, sem dar mais detalhes.

Guy estava me dizendo que não podia confiar ou depender de ninguém, nem das pessoas que o criaram, nem de mais ninguém desde então. Ele estava no meu consultório, pedindo a minha ajuda, mas estava se perguntando se podia confiar em mim. Olhei para ele, sentado lá, com seu casaco cinzento e pesado. Ele se reclinou no divã e seus olhos começaram a vaguear, analisando o cômodo.

"Você realmente leu todos estes livros?", perguntou ele, sem esperar pela resposta. Ele apontou para o quadro que ficava em uma parede atrás da minha cadeira, uma pintura abstrata em uma grande moldura.

"Interessante", disse. "O que será que o artista queria dizer?"

O quadro que havia chamado a atenção de Guy era o único quadro do meu consultório que eu mesma havia pintado e que já estava lá há 15 anos.

"Esses cachorros", prosseguiu, apontando para as manchas brancas e amarelas. "Eles estão fugindo, não acha?"

"Entendo o que quer dizer", confirmei.

"Eles são como eu", explicou, rindo. "Fugindo."

"Do que você está fugindo?", perguntei.

"Eu estava só brincando", respondeu ele. "Sabe, todos nós estamos fugindo. Você mora em Nova York. Eu moro em Nova York. Este não é o nosso lar, mas estamos aqui. Esta cidade está cheia de sobreviventes ambiciosos que fugiram de alguma coisa. Todo mundo aqui quis escapar de alguma coisa."

Guy tirou o casaco.

"Até que é gostoso aqui", observou. "Nem muito frio, nem muito quente, entende? No inverno, as pessoas aquecem tanto seus apartamentos que achamos que vamos morrer. Mas você fez um bom trabalho. Aqui está ótimo."

Guy se sentia menos ameaçado, expressando sua esperança de que eu faria um bom trabalho e que seria certa para ele. Ele empregou a projeção de novo, um mecanismo de defesa que coloca pensamentos e sentimentos ameaçadores fora do eu. Por meio da projeção, negamos sentimentos que causam ansiedade e os inserimos em outra pessoa. Sentimentos incômodos, como a raiva e a tristeza, tendem a ser projetados em outros para nos livrarmos deles. Quando alguém está com raiva, por exemplo, ela atribui esse sentimento a outros e se convence de que a outra pessoa está com raiva dela, quando, na verdade, ela está sentindo sua própria raiva. Lembrei-me de Guy entrando no meu consultório pela primeira vez e como ele me encheu com o sentimento de medo de ser invadida, um sentimento que ele instilou em mim e, assim, comunicou com eficácia o sentimento de perigo com que ele vivia.

De modo similar, a paranoia costuma ser entendida como a projeção da agressão em outras pessoas. Nossos impulsos agressivos fazem com que nos sintamos ansiosos, e costumamos nos sentir melhor por supercompensar com bondade ou por projetar esses sentimentos em outros. A paranoia é o resultado dos nossos sentimentos agressivos, sentimentos que não podemos suportar e dos quais precisamos nos livrar atribuindo-os a outra pessoa. Quanto mais a agressão é negada e projetada em outros, mais ficamos com medo dessas pessoas.

Guy estava se sentindo ansioso demais para falar sobre os seus sentimentos. Então ele começou a falar sobre o mundo ao seu redor, posicionando seus sentimentos fora dele. Ele estava hesitando tirar seu casaco porque isso o faria se sentir exposto demais, vulnerável demais. Ele se certificou de não criar uma narrativa coerente, e senti que havia um segredo por trás do seu sorriso.

"Por que você está aqui, Guy?", tive finalmente a coragem de perguntar.

Guy ficou em silêncio por um longo minuto.

"Porque tenho doentes mentais na minha família", respondeu. "Então também posso ser doente mental."

Não entendi bem o que ele queria dizer, mas o vi dar seu primeiro passo em minha direção, em direção a um novo futuro.

Guy consultou seu relógio e voltou a vestir seu casaco.

"Já basta por hoje", disse ele, e percebi que foi ele quem encerrou nossa sessão novamente. "Vejo você na próxima semana", determinou ao sair.

Era o início do verão, e Guy já estava se tratando comigo há alguns meses. Agora nos sentíamos mais confortáveis um com o outro, e eu havia aprendido a apreciar seu senso de humor cínico e a respeitar seu jeito e seu ritmo. Em geral, Guy precisava evitar uma conversa direta; ele racionalizava e intelectualiza seus sentimentos e falava em termos genéricos. Embora eu soubesse sua opinião sobre muitos assuntos, ele havia me contado muito pouco sobre seu passado ou sobre sua família.

Toda segunda-feira à noite, eu ficava esperando Guy chegar. Ele nunca se atrasava, e agora, cinco minutos antes da sua sessão, pude ouvir a campainha tocando. Antes de ter a chance de responder, ela já estava tocando de novo e de novo.

Abri a porta e Guy entrou com tudo, fechando a porta imediatamente atrás de si.

"Como você sabia quem estava à porta?", questionou ele, ainda parado na soleira. "Como sabia que era eu e não alguma pessoa aleatória que queria invadir?" Ele parecia ansioso.

"Você está preocupado", observei, mas Guy não respondeu.

Nós nos sentamos. Percebi que ele não estava levando sua costumeira mochila. Ele não foi trabalhar, supus.

"Seu porteiro não parece muito bom; ele é meio sonolento", comentou Guy. Ouvi-o suspirar. "Eu servi de jurado hoje. O dia foi longo."

"E o que o fez pensar na minha segurança hoje?", perguntei.

"Não sei bem. Eu vim caminhando aqui desde o metrô e vi um homem lá em baixo. Ele parecia estranho. Parecia violento. Tinha alguma coisa estranha nos seus olhos." Guy apontou para a janela. "Ele estava ali, na rua, bem na entrada do seu prédio", disse ele. "De repente, pensei que ele poderia entrar no prédio, tocar sua campainha e que você o deixaria entrar achando que fosse eu. Como poderia saber?"

Guy era hipervigilante, constantemente detectando atividades ao seu redor e antecipando ameaças e perigos. Essa sensibilidade sensorial costuma ser o resultado de trauma infantil. Um alto nível de alerta tem o objetivo de antecipar e prever o perigo, e, quanto mais eu conhecia Guy, mais eu reconhecia o garotinho assustado que se escondia sob a superfície. Esse garoto estava assustado; e se eu abrisse essa porta, supondo que fosse ele, e outro cara aparecesse e me ferisse? A ameaça era tanto externa como interna — o homem lá fora era perigoso e Guy tinha medo de que ele também pudesse trazer o perigo com ele até o meu consultório. Ele se sentia ameaçado por pessoas violentas, e também sei que ele se preocupava que sua própria agressão inconsciente pudesse adentrar o cômodo. A agressão interna e externa dele estavam mescladas, confusas, como sempre acontece quando uma criança é exposta à violência bem cedo na vida.

Guy parecia consternado. Perguntei-me sobre sua infância e por que ele estava especialmente suscetível naquele dia ao que parecia o ativamento de um trauma infantil.

"Alguma coisa no seu trabalho como jurado fez com que você se sentisse ameaçado?", perguntei.

"Não", respondeu. "Foi o caso de um pai que quebrou o braço da filha. A polícia se envolveu, e a garota e a sua mãe, a ex-mulher do homem, conseguiram uma ordem de restrição contra ele. Digo, eu não sei por que ele estava no tribunal. O que mais elas querem dele? Ele não pode mais machucá-las." Guy me encarou e prosseguiu. "A filha tem 16 anos e postou sua história nas mídias sociais, dizendo coisas horríveis sobre seu pai. Isso parece errado. É uma bagunça", concluiu. "Eu tenho tanta má sorte. Dá para acreditar que esse é o caso com o qual eu tenho de lidar?"

"Traumático", sugeri.

Guy parecia confuso. "Um pouco", concordou. "Digo, o cara é um cretino, com certeza. Mas é uma má pessoa? Ele é o monstro que sua filha descreveu? Acho que não." Ele fez uma pausa e olhou pela janela.

"No que você pensou agora?", perguntei quando ele voltou a olhar para mim.

"Eu não sei", hesitou. "Acho que não sei o que sinto sobre isso. Tinha um barulho na minha cabeça. Eu queria parar de pensar. Digo, fica claro que ela odeia tanto o pai dela e me sinto mal com isso", prosseguiu. "Ela escreveu no Instagram que queria que ele estivesse morto. Acho que entendo essa parte. Antes, eu também queria que meu pai estivesse morto."

"Isso faz sentido", concordei, entrando com cuidado na sua infância.

Ao passo que muitas crianças têm medo de perder os pais, já ouvi vários pacientes me dizerem que, quando eram crianças, queriam que seus pais morressem. A criança depende deles para sobreviver; esse desejo costuma surgir quando os pais ameaçam o bem-estar físico ou emocional da criança. Esse desejo ajuda a criança a se sentir menos indefesa, imaginando que pode fazê-los desaparecer. Ele expressa a dor e a raiva da criança — dois sentimentos confusos que são unidos. A criança simultaneamente se sente indefesa e sente uma raiva esmagadora que não consegue processar. Crianças abusadas costumam ter dificuldade de regular seus sentimentos. Amor e ódio se misturam: odiamos as pessoas que amamos.

Percebi que Guy havia sido sobrecarregado com uma onda de emoções. Ele precisava de uma pausa.

"É doentio!", exclamou. "Fico puto da vida." Ele se levantou de repente. "Com licença, preciso usar o banheiro", pediu ele. "Já volto."

Ele voltou alguns minutos depois, sorrindo. "Você percebeu que falei 'puto da vida' e saí para fazer xixi?",[1] brincou ele. "Viu só? Já sei fazer minha própria terapia."

Ele estava me dizendo que eu havia lhe ensinado algo, mas também que não dependia de mim, que podia fazer isso sozinho. A habilidade de dominar e controlar sua própria vida era crucial. Era a única maneira de se sentir seguro, e ele precisava se certificar de que estava no controle nas nossas sessões também. Novamente, percebi que era Guy, e não eu, quem encerrava cada sessão. Quando se sentia sobrecarregado, em vez de recorrer a mim em busca de consolo, ele se retirava.

"Eu precisava ficar sozinho por um momento para me acalmar", explicou ele. Eu sabia que alguma coisa no seu serviço como jurado havia despertado seu trauma de infância. "Quando era criança, passei horas no banheiro. Meu pai trancava meu irmão e eu no banheiro sempre que ficava nervoso, o que acontecia o tempo todo. Ele nos trancava lá por horas, e aprendi a sentar no chão e esperar. Eu pensei comigo mesmo: 'Eu odeio este homem. Queria que estivesse morto.'"

---

1 "Puto da vida" é "Pissed off" em inglês, e "fazer xixi" é "piss", daí o trocadilho no original. [Nota do Tradutor]

Guy não olhava para mim. "Sabe", prosseguiu, "às vezes, quando meus amigos vinham me visitar e fazíamos muito barulho, de repente eu ouvia sua voz, me chamando. Eu sabia que ele estava bravo e que ia me trancar no banheiro de novo. Não havia escolha. Eu tinha que fazer o que ele dizia, senão ele gritaria comigo e me bateria na frente dos meus amigos. Ele me deixava trancado enquanto eles ficavam esperando por mim na sala, se perguntando onde eu estava. Era tão humilhante."

Guy havia me falado sobre sua infância pela primeira vez. Seu rosto estava sério, mas ele não expressava nenhuma emoção. Eu só escutava em silêncio.

Enquanto ele falava, comecei a sentir uma dor no meu corpo, uma vontade de trocar de posição na cadeira. Observei Guy se contorcendo desconfortavelmente na sua cadeira e me perguntei o que estávamos sentindo nos nossos corpos.

"Não me admira que você precisasse fugir", falei, lembrando-me da sua interpretação das manchas do meu quadro. "Seu desejo de fugir era um ato de esperança."

Guy concordou. "Quando era criança, eu não podia fazer nada. Eu não tinha nenhum lugar para ir e ninguém a quem pudesse recorrer", murmurou. Ele explicou que sua mãe tinha medo do seu pai e que ela não conseguia proteger a ele e a seu irmão.

"Minha única esperança era que um de nós desaparecesse; ou ele morreria ou, algum dia, eu deixaria tudo para trás e fugiria, encontraria um novo lar em outro país. Fugiria para um lugar onde ninguém poderia me encontrar", prosseguiu ele. "Como minha mãe, que sempre pareceu tão assustada, aprendi a me esconder, a ficar em silêncio, a me certificar de que estava invisível." Guy olhou bem nos meus olhos. "Eu não sei como te explicar isso", disse ele. "Meu pai é um homem doente. Você precisa entender. Ele não tem culpa. Foi assim que ele cresceu. Foi assim que os pais dele foram criados, e seus avós antes deles. Ele não conhecia nada melhor e acreditava que essa era a maneira certa de criar seus filhos. Não estou com raiva dele."

Ouvi o conflito de Guy. Ele estava preso entre se identificar com seu pai e querer ser diferente dele. Ele não queria ficar com raiva porque a raiva o faria ser tornar muito parecido com seu pai. Mas ele demonstrava mais empatia pelo pai do tribunal do que pela filha daquele homem.

Anna Freud definiu a "identificação com o agressor" como um mecanismo de defesa que as crianças usam para lidar com o abuso. Em vez de se sentirem apenas ameaçadas e indefesas, as vítimas procuram entender e controlar a realidade adotando as crenças e o comportamento do abusador. Por personificar o agressor, a criança transforma a passividade em ação e, em vez de ser apenas a vítima, ela se torna aquela que fere outros e/ou a si mesma. Essas crianças, ao se identificarem com seus pais, acreditam, lá no fundo, que merecem a raiva e a punição dos pais.

Então, não é de se surpreender que, assim como o pai de Guy, muitos pais violentos sofreram abuso quando eram crianças. Guy não sente apenas raiva; ele ainda estava tentando entender o mundo ao seu redor e o que era mau e bom. O abuso não processado mantém o ciclo intergeracional girando. Cada geração se identifica com a anterior, e

Guy estava num ponto em que esses conflitos intergeracionais haviam vindo à tona. Ele estava dividido entre sua lealdade ao passado e sua esperança para o futuro, entre a conexão com seus antepassados e a oportunidade de ter tipos novos e diferentes de relacionamentos. Assim como aconteceu na sua infância, ele estava trancado de novo. Dessa vez, porém, foi ele mesmo que se trancou.

A cura — a quebra do ciclo do abuso — costuma se deparar com resistência à possibilidade de mudança. Essa possibilidade aumenta o conflito entre a parte do eu que está buscando a futura libertação e a parte que está conectada com o passado e com as gerações anteriores. A cura é uma jornada cheia de ambivalência, culpa e vergonha. É um processo doloroso que traz os fantasmas do passado à vida e desafia nossa identificação interna na jornada para nos libertar.

Guy parou e olhou o relógio. "Não quero mais falar sobre isso", decidiu. "O que adianta falar sobre isso agora? Não podemos mudar o passado."

Ele começou a juntar suas coisas na mesinha. Segurando as chaves, olhou para mim e disse: "Galit, no fim, eu salvei minha vida. Já estou aqui, em Nova York, há quase 20 anos. Consegui fugir."

Sei que vai exigir tempo para processar todos os sentimentos que foram trazidos à tona. Guy se mudou para Nova York a fim de tentar sobreviver, mas seu passado ainda o perseguia — como sempre persegue.

Ele voltou a colocar as chaves na mesa. "Ainda temos mais cinco minutos", observou. "Vou precisar servir como jurado amanhã de novo. Gostaria que pudesse ir comigo." Ele começou a gargalhar. "Brincadeira. Não gostaria que você tivesse que ouvir aquela garota descrevendo sua infância. É brutal."

"Sei que nossa sessão hoje foi brutal", respondi, "e suponho que você sempre quis uma mãe que pudesse te acompanhar e proteger, que o fizesse se sentir seguro e o ajudasse a ser corajoso".

Ele voltou a olhar para o relógio. "Nosso tempo acabou. Talvez eu devesse vir em outro horário essa semana", sugeriu ele, dando outro passo em direção à sua dor em vez de se afastar dela. Ele *é* corajoso, pensei.

Combinamos de nos encontrar novamente na quinta.

TIVE UM SONHO naquela noite. Guy e eu estávamos em um grande castelo. Estávamos usando capacetes de mineradores, cada um de nós tinha uma lanterna e estávamos descendo as escadas até o porão. Era claro que estávamos procurando alguma coisa.

"Te trouxe aqui para salvar meu irmão", disse Guy. "Ele está preso."

O castelo estava escuro e fiquei preocupada de estarmos perdidos. Guy disse que estava com medo. "Vamos fugir; este lugar está cheio de fantasmas", sugeriu ele.

"Precisamos ser corajosos", ouvi-me dizendo, para ele ou para mim mesma.

Os fantasmas do passado controlavam a vida de Guy. Sei que ele e eu estávamos em uma jornada para revisitar seu trauma e ouvir aquele garotinho que ele era, o garoto que ele deixou para trás quando fugiu a fim de salvar sua vida. Agora, precisávamos de lanternas para iluminar tudo que ele havia deixado no porão da sua vida, tudo que o impedia de seguir em frente, de viver e de amar de verdade.

A quinta-feira estava quente e Guy entrou com um sorriso no rosto.

"Viu como o clima está diferente de segunda-feira? Estou te dizendo: a vida é tão imprevisível. Meu humor mudou também. Me desculpe por estar tão emotivo na segunda." Ele olhou para mim e, do nada, começou a rir. "Você estava com uma expressão tão engraçada no rosto", disse ele. "Aposto que sei no que estava pensando", prosseguiu, com seu tom brincalhão e afetuoso. "Você pensou: 'Pelo que você está se desculpando, seu bobo?'"

Eu sorri, ciente dos sentimentos maternais que tinha por ele e percebendo que ele os havia reconhecido no meu rosto. Ele estava certo; estava me perguntando pelo que ele estava se desculpando.

"Você permitiu que o garoto que costumava ser falasse na segunda", disse eu. "Foi a primeira vez que ouvi aquele garoto. Ele era sensível, vulnerável e estava traumatizado."

"Ele estava preso", acrescentou Guy para a minha surpresa, usando o cenário do meu sonho. "Mal podia esperar para vir aqui hoje. Queria te dizer que fiz uma coisa grandiosa." Ele fez uma pausa e, antes de eu ter a oportunidade de lhe perguntar o que havia feito, ele falou: "Na terça, no tribunal, eu votei que o pai era culpado." Ele parecia orgulhoso. "Olhei bem nos olhos dele e, pela primeira vez na minha vida, não senti medo. Pensei em você e disse a mim mesmo: 'Quer saber? Não sou eu quem deveria se sentir mal. É ele.'"

Permanecemos em silêncio. Sei quão difícil foi para ele ir contra o seu pai e quão doloroso foi permitir se lembrar da sua infância e proteger a criança abusada que ele foi. Guy queria que eu fosse com ele ao tribunal porque jamais teve um pai que pudesse defendê-lo e, por isso, tinha medo de não conseguir defender a si mesmo.

Guy quebrou o silêncio. "Sinto vergonha de lembrar que, quando era criança, eu me escondia no meu quarto, tentando não fazer nenhum barulho — nem sequer respirar — para que meu pai não me notasse. Eu me odiava por ser fraco como minha mãe e não conseguir me proteger, e por sentir raiva, como meu pai. E sentia vergonha por me esconder enquanto meu irmão mais velho, Ram, se tornou o alvo principal do meu pai." Guy pausou e olhou para o seu relógio. "Ah... temos mais um tempinho", observou.

"Sabe, na outra noite, quando vim do tribunal, um pensamento passou pela minha cabeça. Percebi que Ram, meu irmão, era aquela garota, a filha."

"Em que sentido?", perguntei.

"Assim como ela, ele revidou; ele não tinha medo. Eu o via à distância e sentia inveja por ele ser tão valente; mas também sentia culpa por ele ser o único que meu pai atacava, ao passo que eu só podia me esconder. Então, certo dia, quando Ram tinha uns 15 anos e era quase do tamanho do meu pai, ele voltou da escola com uma garota e meu pai ficou com raiva e bateu nele bem na frente dela. Em vez de se desculpar, o que seria exatamente o que eu faria, Ram se aproximou dele devagar, botou o dedo na testa do meu pai e sussurrou com raiva: 'Você. Se encostar o dedo em mim mais uma vez, eu te mato! Ouviu bem?' Meu pai deu um passo para trás e Ram se afastou. Acho que foi a última vez que meu pai bateu nele. Lembro que minha mãe e eu nos afastamos também, como se nada tivesse acontecido. Foi inacreditável, como eles mudaram de papel e meu irmão se tornou o agressor. Me lembro de começar a sentir pena do meu pai de repente. Quase quis ajudá-lo. Sou ou não sou perturbado?" A voz de Guy ficava cada vez mais alta. "Quando fiz 20 anos, fui embora. Sinto muito. Precisava ir. Eu precisava", disse ele, com raiva.

"Você está se desculpando pelo quê?", perguntei.

"Como assim?"

"Você se desculpou de novo."

"Sério?" Guy me encarou, surpreso. "É verdade. Acho que preciso me desculpar por alguma coisa, não é? Talvez me sinta mal por ter fugido e deixado todos eles para trás. Uma família de gente doente. Eu salvei minha vida, mas e a deles?"

A lealdade às pessoas com quem estamos relacionados costuma deixar uma parte de nós com elas quando partimos. Nossos pais tendem a viver dentro de nós sem nossa permissão. Nossa relação com eles é a primeira que temos, e nossas futuras relações existem apenas em diálogo com eles.

Guy precisou se mudar, mas ainda estava lutando com a culpa de partir — e viver. Com o passar do tempo, descobri que ele não havia conseguido criar um lar seguro o suficiente em Nova York ou estabelecer relacionamentos íntimos. Ele não tinha certeza se conseguiria amar ou confiar em outros, e, com toda certeza, não confiava em si mesmo para proteger as pessoas que amava do seu legado de brutalidade e abuso. Estar sozinho parecia a melhor maneira de se esconder, e se esconder, afinal, era a única maneira de sobreviver.

Na nossa primeira sessão, escondido atrás do seu casaco cinzento de inverno, Guy me disse que havia pesquisado sobre mim, perguntando-se quem eu era e quem eu havia deixado para trás. Ele se preguntou se a terapia era para ele: será que poderia ter uma relação honesta, onde se sentisse conhecido, sem se tornar vulnerável ou se sentir ameaçado? Será que poderia curar o garoto que era e que sofreu abuso sem se sentir humilhado e com vergonha? Será que poderia amar e ser amado?

Em um dia nevoso, um ano depois de Guy começar a fazer terapia, ele entrou no meu consultório, cumprimentou-me com a cabeça e disse gentilmente: "Acho que estou me acostumando com este clima."

Ele tirou seu casaco e sorriu. Ambos podíamos perceber a diferença.

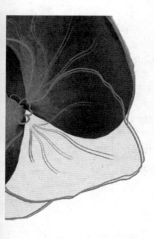

11

A VIDA NÃO EXAMINADA

Alice aparentava ser mais jovem do que realmente era. Talvez seu longo cabelo negro ou as calças de moletom e os tênis que ela usou na nossa primeira sessão me fizeram pensar nela como uma garotinha. Ela veio se consultar comigo logo depois de celebrar seu aniversário de 44 anos. Não demorou para que sua idade se tornasse o assunto.

Alice me disse que tinha quase 40 anos quando conheceu Art. Isso aconteceu logo depois do seu divórcio, e sua preocupação era estar velha demais para ter filhos.

"Eu não gosto de casamentos", disse ela naquela primeira sessão. "Meus pais se separaram quando eu tinha 5 anos. O divórcio deles foi difícil e, depois que meu pai se casou oficialmente de novo, ele deixou de se envolver."

Perguntei-lhe o que ela queria dizer com "se casou oficialmente de novo".

Alice revirou os olhos. "Não foi por isso que vim à terapia, mas acho que tudo isso tem a ver com o que estou lidando", supôs ela. "Minha infância foi ruim. De novo, não estou aqui por causa disso."

"Por que está aqui?", perguntei.

"Estamos prestes a ter um bebê", contou Alice, e fiquei um pouco surpresa porque ela não parecia nem um pouco grávida.

"Tentamos ficar grávidos por anos. Entre você e eu, desde a nossa primeira semana juntos, sabíamos que queríamos ter filhos, mas eu não conseguia ficar grávida. Tentei de tudo. Muitos ciclos de FIV." Ela me encarou. "Você tem ideia de como isso é caro? Toda nossa família nos ajudou financeiramente. Minha mãe e o marido dela nos deram suas economias. A irmã de Art nos deu dinheiro também. Tenho vergonha de dizer o valor. Ficamos sentados na sala de espera da clínica, olhando ao redor e pensando: 'Todas essas pessoas privilegiadas; acho que sou uma delas agora.' Então, dá para imaginar como nos sentimos mal quando tudo isso não deu certo. Além de não conseguir engravidar naturalmente, não consegui nem pagando uma fortuna. Isso é que são genes ruins."

"Um momento." Tentei fazer com que ela falasse mais devagar para acompanhar seu raciocínio. "Então você se casou quando tinha uns 20 anos e não teve filhos; então, se divorciou quando tinha cerca de 30 anos, conheceu Art e tentou engravidar imediatamente..."

"Exato", interrompeu ela. "Art e eu já fomos casados antes, mas não havíamos experimentado nada como nosso amor. Foi muito intenso, desde o primeiro dia que nos conhecemos. Vou lhe falar sobre isso algum dia."

"E você está aqui porque está prestes a ter um bebê", falei.

"Exato", confirmou Alice. "Outra mulher está prestes a dar à luz ao meu bebê."

"Uma barriga de aluguel?", supus.

"Sim. Recebemos uma doação de óvulos também. Esse bebê não será biologicamente meu. É uma menina, por falar nisso", acrescentou ela, certificando-se de que eu tivesse todas as informações, mas não conseguia entender como ela estava emocionalmente.

Alice continuou. "Veja bem, três mulheres estão envolvidas na criação dessa bebê: uma doadora de óvulos, uma barriga de aluguel e eu — até este momento, uma mulher sem função. A quarta pessoa é Art. Essa bebê será biologicamente dele. Já lhe disse que ele tem uma filha do primeiro casamento? Lili. Ela é incrível, então sabemos que ele tem bons genes." Ela sorriu.

"Ah, e mais um detalhe", prosseguiu Alice. "Como já esvaziamos as contas bancárias de todo mundo para fazer a FIV, ainda precisamos descobrir como pagar pela barriga de aluguel. Tomamos um empréstimo, mas é uma *loucura*. Vou falar com você sobre isso também."

"Temos muito sobre o que falar", comentei. "Como você está lidando com tudo isso?", perguntei ao nos aproximarmos da luta emocional que acreditava que Alice tinha vindo explorar.

Ela não respondeu.

"Na verdade, eu não sei", murmurou ela. "Não sei o que sinto sobre isso. Alguns dias, fico decepcionada comigo mesma. Me sinto quebrada, que sou um fracasso e que não serei ninguém para essa bebê. Em outros dias, me sinto aliviada. Primeiro, porque ficar grávida e dar à luz não parece divertido. Não parece que seria algo pelo que eu ficaria triste de pular. Mas o real motivo, e sei que isso parece horrível, é que preferiria ter uma filha que não tivesse meus genes. Isso provavelmente seria melhor para ela."

Pedi que ela me falasse mais sobre isso. "Por que você não quer que ela tenha os seus genes?"

"Eu vim da dor", explicou Alice. "Está no nosso DNA. Má sorte e trauma. Minha mãe teve a infância mais dolorosa, como um filme ruim. A família dela imigrou para os Estados Unidos quando ela tinha uns 8 anos, e a mãe dela morreu no caminho para cá. Eles precisaram carregar o corpo da mãe dela até conseguirem um lugar para enterrá-la. Meu avô provavelmente abusou sexualmente da minha mãe, mas ninguém da minha família fala sobre isso. Veja, quando digo 'trauma', estou falando de trauma de verdade. Eu nunca havia feito terapia antes. Minha mãe nunca fez terapia também."

"Então você está aqui por vocês duas", concluí.

"Exato", confirmou Alice. "Talvez, se ela tivesse parado esse ciclo de tristeza, eu não estaria tão preocupada em criar outra mulher fadada à tristeza. A última coisa que quero é ter uma filha que vai acabar herdando a má sorte que herdei da minha mãe."

"Outra mulher fadada à tristeza", repeti suas palavras.

"Exato", disse ela. "Minha mãe nunca admitiria que tem depressão. Foi por isso que virou uma hippie, entende? Ela está sempre sorrindo. Ela acredita que devemos nos concentrar na nossa própria cura e em jornadas espirituais. Ao mesmo tempo, ela nunca está feliz. Ela teve uma infância traumática, dois casamentos que não deram certo e uma carreira fracassada. Quando eu era criança, ela ficava em casa comigo o dia inteiro. Ela vivia dizendo o quanto gostava disso e que escovou tanto meu cabelo que se tornou uma especialista nisso. Eu sempre tive um cabelo longo e encaracolado que é difícil de escovar e odiei quando ela disse isso. Senti que ela ficou ressentida. Me lembro de certo dia, em uma reunião da escola, que os pais foram convidados a se apresentarem. Minha mãe, com um sorriso no rosto, anunciou: 'Sou a mãe da Alice e sou uma escovadora profissional de cabelo.' Eu queria morrer." Alice olhou para mim para se certificar de que eu havia reconhecido a amargura oculta da sua mãe e, em especial, como ela a escondia por trás de um sorriso.

"Enquanto isso, sempre que podia desaparecer por alguns dias, ela fazia isso. Ela deixava meu meio-irmão e eu com meu padrasto e saía em retiros. Quando voltava para casa, ela dormia com meu irmãozinho. Por anos, acreditei que ela o colocava para dormir e acabava dormindo com ele porque estava cansada. No entanto, quando cresci, percebi que ela simplesmente não queria dormir com meu padastro", contou Alice. "Minha mãe nunca admitiu que não amava meu padastro de verdade, que ele apenas fazia parte do arranjo. Ela precisava de um marido porque tinha medo demais de ficar sozinha. Me sinto triste por ela não ter tido a vida que queria. Eu costumava culpar meu padastro por isso. Acho que queria que ele a fizesse feliz para que *eu* não precisasse fazer isso."

Alice falava rápido e dificilmente fazia uma pausa. Ela brincava com as unhas. Percebi que ela mordia as cutículas até que sangrassem.

"Não me entenda mal. A principal pessoa que culpo por destruir a vida da minha mãe é meu pai biológico", prosseguiu ela. "Eu o odiava. Por falar nisso, minha mãe nunca ficava com raiva dele — nem quando ela descobriu que ele tinha um caso, nem depois que ele a deixou por outra mulher. Ela dizia que ele havia quebrado seu coração e que o fato de ele a haver abandonado doía muito porque isso a lembrava da morte da sua mãe, quando ela tinha 8 anos. Minha mãe nunca superou o que aconteceu com meu pai. Ele foi horrível. Já te disse que ele tinha outra família?", perguntou ela e olhou para o relógio.

Eu estava sem fôlego. Alice continuou falando e eu estava sobrecarregada de sentimentos que não tive nem um momento para digerir. Supus que estava sentindo o que ela sempre sentia. Ela me ajudou a conhecê-la por dentro quando, assim como ela, me senti sobrecarregada de informações. Eu não podia impedir as coisas de acontecerem para entender ou processar essas informações.

Nossa primeira sessão havia terminado e eu estava cheia de perguntas. Identifiquei as conexões implícitas que Alice fazia entre o passado traumático da sua mãe, sua própria má sorte e seu desejo de salvar sua filha ainda por nascer do mesmo futuro.

Alice e eu combinamos de fazer duas sessões por semana.

Alice voltou alguns dias depois e, para minha surpresa — e alívio —, ela continuou de onde havia parado. Perguntei-me como ela havia se sentido sobre a nossa primeira sessão, uma pergunta que costumo fazer nas segundas sessões. Mas Alice se comunicava comigo com um senso de urgência. Ela se sentou rapidamente e começou a falar sem demora.

"Basicamente, meu pai tinha outra família", prosseguiu ela. "Ele tinha filhos com outra mulher e, quando minha mãe descobriu, ele nos deixou. Não sei exatamente como ela descobriu, mas dá para imaginar o quão traumático isso foi para ela. Eu havia parado aí da última vez, não foi?"

Concordei. "Dá última vez, você me falou sobre o passado da sua mãe", relembrei. "E como o abandono do seu pai foi um lembrete da perda que sua mãe teve na infância. Você descreveu a raiva dissociativa dela e como você sentia raiva dele por ela."

Alice parecia confusa. "Acho que sim", disse ela, estando eu ciente de que havia formulado tudo isso de uma forma que parecia nova para ela.

Alice começou a explorar como se identificava com sua mãe e sua profunda lealdade a ela, que foi quem a criou.

"Ela é uma mulher corajosa que suportou muita dor, mas que ainda conseguiu perdoá-lo e até orar por sua felicidade", contou ela. "Ela teve muito mais caráter do que eu. Sabe, depois que ela descobriu, a família dela começou a chamá-lo de 'monstro', mas ela pedia para eles pararem. Ela dizia que sentia muito por não ter conseguido ser uma esposa boa o suficiente e ter lhe dado o que ele precisava. Isso me deu muita raiva por anos. Eu via a tristeza nos olhos dela e sua luta para se recuperar da traição. Quando era adolescente, jurei que nunca mais falaria com aquele homem, que nunca o perdoaria. E, francamente, era ela quem tentava me convencer que ele era meu pai e que eu devia procurar entendê-lo. Mas, quanto mais ela dizia isso, com mais raiva eu ficava.

"'Não estou interessada nesse desgraçado!', dizia eu e nunca retornava suas ligações.

"De início, ele me ligava todos os dias. Eu só tinha 5 anos, e conversávamos durante um minuto porque minha mãe me obrigava. Então, depois que fiz 12 anos e ele me ligava uma vez por semana, comecei a dizer que estava ocupada e não ligava de volta para ele. A certa altura, ele parou de ligar. Ele tinha uma vida nova com aquela mulher e senti como se não existisse mais para ele."

Alice continuou falando. Ela me contou sobre sua infância e, quanto mais nervosa ela ficava, mais triste eu me sentia.

"Já te disse que, há cerca de um ano, tentei entrar em contato com meu pai?", perguntou ela. "Acho que estava pronta para ouvir o lado dele. Ele ficou animado quando fiz isso e estava supernervoso quando nos encontramos. Ele disse que faria qualquer coisa para permanecer em contato comigo e para reparar nosso relacionamento. Mas a verdade era que não havia nada para reparar. Naquele momento, eu havia percebido que aquele não era mais o meu pai. Eu já era adulta e ele havia perdido minha infância. Ele era apenas um estranho que não tinha nada a ver comigo, exceto biologicamente." Observei Alice pensando. Então ela acrescentou: "Espero que saiba que minha mãe nunca me obrigou a rejeitá-lo. Eu escolhi fazer isso."

Pela primeira vez, Alice começou a reconhecer o que havia perdido quando era criança. Ela foi leal e protegeu sua mãe e se afastou do seu pai. Enquanto era criança, Alice chegou à conclusão de que os pais não eram importantes. Ela não tinha ciúmes dos seus amigos que tinham bons relacionamentos com seus pais e acreditava que, desde que ela e sua mãe tivessem uma à outra, elas estariam melhor sem ele.

Nos bastidores, as dinâmicas inconscientes estavam moldando a vida de Alice como uma repetição da história da sua mãe. Embora acreditasse que havia herdado a "má sorte" genética da sua mãe, na verdade era a sua identificação com a mãe e a tentativa inconsciente de curá-la que estavam fazendo Alice viver a mesma dor psicológica que sua mãe teve: o drama de uma filha que perdeu um dos pais. O trauma da sua mãe foi reencenado na infância de Alice e, como sua mãe, ela também cresceu apenas com um dos pais e perdeu o outro.

A perda de Alice, diferentemente da perda da sua mãe, não foi classificada como uma tragédia para a filha. Por meio do reencenamento, Alice e sua mãe podiam reviver juntas a história da mãe, dessa vez, porém, com a ilusão do controle; Alice acreditava que tinha a opção de terminar o relacionamento com seu pai. Em vez de se sentir triste, como sua mãe, ela sentiu raiva. Em vez de se sentir abandonada, ela estava abandonando. Reparar o trauma da mãe e curá-la era uma fantasia inconsciente que Alice compartilhava com ela.

A perda do pai permaneceu como algo não identificado e até ignorado por Alice. Mais uma vez, a dor e a tristeza pertenciam apenas à sua mãe — foi a mãe que perdeu um marido que ela amava, e Alice se tornou sua responsável emocional, substituindo a mãe que sua própria mãe nunca teve. Foi só então, pela primeira vez, que começamos a questionar quanta escolha Alice realmente teve nessa dinâmica de família ao tentarmos diferenciar as necessidades da sua mãe das suas próprias necessidades.

"Minha mãe se casou novamente, mas ela ainda não é feliz. O trauma da sua infância continuava lá, o que a faz se sentir frágil e triste. Ela nunca interrompeu o luto por sua mãe, nem se recuperou do abandono do meu pai."

Alice estava inconscientemente ligada aos traumas da sua mãe. Percebi o quão confusa ela se sentia ao tentar descobrir a verdade sobre si mesma e sobre as pessoas ao seu redor. De diferentes maneiras, seus pais foram desonestos, e ela estava lutando com as mensagens ambíguas que recebia deles, com a raiva dissociada da sua mãe, com as mentiras do seu pai e com a sua própria agressão, que funcionava como uma defesa contra sua vulnerabilidade oculta.

Alice fez uma pausa e começou a procurar algo nos bolsos. Ela encontrou um prendedor de cabelo e habilmente fez um rabo de cavalo com seu longo cabelo negro. Então, olhou para mim e sorriu.

"Minha mãe tem quase 70 anos agora e usa duas longas tranças, como uma menininha. Já te disse isso?", perguntou.

Naquele momento, um pensamento passou pela minha cabeça. Perguntei-me se sua mãe tinha inveja dela por ser uma criança e ter uma mãe. Será que a mãe dela precisava ter uma aparência infantil na esperança de que, algum dia, ela também pudesse ter uma mãe que cuidasse dela e escovasse seu cabelo?

Não é incomum que mães que não tiveram mães, ou que tiveram mães abusivas, se ressintam das suas filhas por terem a mãe que elas nunca tiveram. Na terapia, a mãe costuma explorar seus sentimentos sobre a filha ter mais do que ela teve; ela tem inveja do fato da sua filha ter uma mãe.

Procurando entender a psicologia da mãe de Alice, percebi que, nas nossas sessões, eu deixava de analisar Alice para analisar sua mãe, e supus que isso fizesse parte do meu complô inconsciente com a forma pela qual Alice se mesclava com a mãe. Eu estava encenando seu desejo de curar a mãe e fazer com que ela se tornasse mais forte. Nesses momentos, eu me tornava a terapeuta da mãe dela — a mãe da sua mãe

—, ao passo que Alice fantasiava com a ideia de poder deixar a mãe comigo para que eu tomasse conta dela, permitindo que Alice partisse para começar uma família e se tornar uma mãe.

"Eu não posso ferir os sentimentos dela", afirmou. "Talvez ela possa fazer algumas sessões com você também. Talvez ela possa trabalhar no seu trauma, porque, se eu tentar conversar com ela, ela vai começar a chorar imediatamente e a dizer: 'Eu fiz o meu melhor para ser uma boa pessoa e uma boa mãe.' E, quer saber? Eu acredito nela. Ela *é* uma boa pessoa e eu a amo. Eu sei que ela fez o melhor que pôde."

A mãe de Alice precisava sentir que era a vítima e não a causa dos eventos traumáticos que aconteceram com ela. Ser uma boa pessoa significa não sentir raiva. Alice, por outro lado, se sente melhor quando não é a vítima. Ela prefere ficar com raiva do que sentir tristeza. Essa disparidade de defesas é a tentativa de Alice de ser diferente da sua mãe, de ser uma agente ativa e controlar sua vida.

"Estou me esforçando bastante para ser diferente, mas sou muito parecida com minha mãe. É esse o problema", concluiu ela. "Eu tomei o leite dela e ele moldou meu corpo e minha mente. Eu não pertencia a ninguém mais, exceto a ela. Eu não tinha um pai. Meu padrasto era um forasteiro, e havia apenas eu e minha mãe no círculo interno. Sim, odeio ser uma vítima, mas também tive uma infância muito triste. Eu também me divorciei. Minha sorte é tão ruim que nem consigo engravidar fazendo sexo, como todo mundo. Preciso passar pelo inferno. E quero que todo mundo me deixe em paz, assim como minha mãe queria. Ela queria nos deixar e ir para os retiros. Eu queria proteger minha bebê do mesmo destino. Ela vai ter os genes de Art; ele é incrível."

Alice respirou profundamente. "Agora você sabe por que estou aqui." Ela terminou a frase com uma voz infantil.

Concluímos com um elo claro entre o passado e o futuro, entre a geração anterior e a seguinte, e com Alice no meio, tentando ser a ponte entre os dois, tentando curar sua mãe para se libertar, para entender seu passado e para criar um futuro melhor.

FALTAVAM DOIS MESES para a bebê nascer e Alice não se sentia preparada.

"Talvez eu tenha começado esse processo tarde demais", sugeriu ela. "Tenho tantas coisas para te dizer e temos tanto para conversar antes de ela chegar."

Pergunto em voz alta por que ela sentia que era tão urgente resolver tudo antes da bebê nascer.

Alice ficou frustrada. "Você não faz ideia", respondeu. "*É* urgente. Preciso decidir tantas coisas. E, de repente, tenho tantos sentimentos e tantos sonhos bizarros à noite. Estou preocupada com o dinheiro e como vamos pagar aquele empréstimo."

"Dizem que o dinheiro não é importante", prosseguiu Alice, parecendo chateada novamente, "mas você já percebeu que, em geral, as pessoas que dizem isso são as que têm dinheiro? Na verdade, o dinheiro é muito importante quando precisamos dele, mas não temos nada."

Pensei em como Alice falava abertamente sobre dinheiro. Sexo e dinheiro são dois assuntos que as pessoas costumam evitar — não só em suas vidas, mas na terapia também. Esses assuntos estão repletos de hipocrisia e desonestidade. Assim, eles são um bom lugar para ocultar outros sentimentos e necessidades sobre os quais as pessoas se sentem desconfortáveis de falar. Quaisquer sentimentos indesejados podem ser expressos por meio do sexo ou do dinheiro: agressão, hostilidade, a necessidade de dominar e de ter poder, além de fragilidade, narcisismo e trauma.

O sexo, por exemplo, pode ser visto como amor até em casos nos quais ele é uma maneira de expressar hostilidade. Assim como o dinheiro, o sexo pode ser usado para controlar outros, para compensar a insegurança emocional e para expressar ou ocultar a dor. Evitar falar sobre dinheiro e sexo nos permite disfarçar sentimentos negativos. Na terapia, por exemplo, sentimentos negativos sobre o terapeuta podem ser expressos na forma de pagamentos atrasados. Quando temos muita vergonha de falar sobre dinheiro, podemos perder a oportunidade de revelar e processar sentimentos que o paciente deseja ocultar.

Alice falou sobre o custo do processo reprodutivo e explorou seus sentimentos sobre tudo que talvez não pudesse pagar, tanto financeira como emocionalmente. O grande fardo econômico fazia parte da carga maior de duvidar de si mesma e da vergonha que ela levava.

Quando a reprodução envolve esses aspectos transacionais ou médicos — quando acontece fora da cama do casal —, isso acaba com a fantasia romântica de se ter um bebê que é "fruto do amor" do casal. De diversas formas, a dificuldade de engravidar pode resultar em vergonha intensa e trazer à tona os maiores medos e os sentimentos mais sombrios relacionados a se achar defeituoso, podre, quebrado, ruim ou estar amaldiçoado. Essa é uma ferida profunda que toca em uma insegurança essencial do corpo e da existência da pessoa.

Assim como muitas pessoas, Alice estava lutando com os sentimentos de que sua incapacidade de engravidar poderia ser um sinal de que ela não deveria ter um bebê, de que ela não merecia um e de que ela não seria uma boa mãe. Ela tentou afastar esses sentimentos dolorosos. Tentou se enxergar como defeituosa, com genes ruins e se defender contra sua decepção. Além de se sentir decepcionada consigo mesma, ela também se preocupava em como estava decepcionando outros, em especial — tal como cheguei a descobrir — a mulher que servia de barriga de aluguel.

"Sinto que ela gostaria que eu me envolvesse no processo, mas vivo me esquecendo de ligar para ela. Me sinto culpada de não ligar para ela ou para a bebê. Ouvi dizer que algumas pessoas conversam com as mulheres que servem como suas barrigas de aluguel a cada poucos dias. Eu ligo para ela apenas de vez em quando. O que eu deveria perguntar a ela? Como ela está se sentindo? Claro, posso fazer isso. Mas seria falso. Eu não me importo em saber os detalhes de como ela está. A decisão mais difícil que preciso tomar agora é se devo estar presente quando ela der à luz. Digo, na sala de parto", especificou. "O que acha?"

"Acho que é difícil ver outra pessoa carregando e dando à luz nossa bebê enquanto apenas fingimos que isso é fácil e que estamos felizes. Isso traz à tona vários sentimentos, positivos e negativos. Podemos nos sentir insultadas e decepcionadas", falei.

"Exato!", concordou Alice. "Finalmente alguém que me entente. As pessoas não entendem. Elas dizem que estão felizes por mim e que é emocionante o fato de que vou ter uma bebê em breve, como se tudo estivesse bem. Uma amiga me disse outro dia: 'No instante em que ganhar a bebê, você não vai mais se lembrar de como ela veio ao mundo.' Que bobagem." Alice parecia nervosa. "As pessoas são tão burras, ou talvez apenas sintam pena de mim e estejam tentando me consolar. Mas isso é desonesto e me faz sentir totalmente invisível. Como se elas não vissem pelo que estou passando. Além disso, não me sinto nem um pouco confortável em estar com ela no mesmo cômodo quando ela der à luz. Eu não iria querer uma mulher olhando entre as minhas pernas quando eu desse à luz. Quero lhe dar privacidade. Não sei. Como acha que ela se sente? O que as outras pessoas fazem?"

Acredito que Alice teme que seja doloroso demais para ela ver outra mulher dar à luz sua filha.

"Acho que você está preocupada com o que poderia sentir na sala de parto", sugeri.

"Vou ser uma forasteira", afirmou Alice. Ela ficou em silêncio por um momento e, depois, acrescentou: "Agora entendo como os pais se sentem. Eles não carregam os bebês dentro deles, não dão à luz, não os amamentam. Nada. Isso me leva ao meu próximo dilema", continuou ela, apresentando-me uma das questões com as quais as mulheres na sua situação têm de lidar.

"Eu deveria tomar hormônios para amamentar a bebê? O que *você* acha?"

Acompanho as conexões que Alice faz entre ser uma forasteira e ser um pai. Ela disse que ela e sua mãe estavam no círculo interno. O pai dela era um forasteiro. Percebi que seu conflito atual estava relacionado com o fato histórico de que, para ela, a única maneira de amar é ser uma mãe, não um pai. Ela estava lutando com o medo de que não poder dar à luz ou amamentar queria dizer que ela era um pai e não uma mãe. O problema do gênero binário não permitia fluidez na sua percepção de si mesma. Ele ativava a vergonha de não ser uma "mulher de verdade" e, consequentemente, o medo de se tornar um pai, no amor de quem ela não podia confiar.

"Você tem medo de não conseguir amar sua bebê?", perguntei, ligando explicitamente o gênero e o amor.

"Com certeza", disse, concordando com a cabeça. "Como sei que vou conseguir amá-la se não vou dar à luz ela e amamentá-la? Eu não sei se um pai consegue amar um bebê sem os hormônios do amor. Digo, a natureza organizou tudo para que as mulheres produzam oxitocina imediatamente."

"É como se você acreditasse que os hormônios do amor fizessem um pai amar seu filho", observei.

"Que irritante", sussurrou Alice. "Pensei que tivesse superado isso. Qual é o meu problema? Assim como minha mãe, não consigo deixar de ser uma garotinha, ainda achando que seu pai não a amou, mesmo sabendo que as coisas são mais complicadas do que isso." Alice suspirou. "Entendo o que você quer dizer: que, por baixo do meu desejo de amamentar minha filha, existe a preocupação de que não conseguirei amá-la como as mães 'de verdade' amam, que é o único amor em que confio."

"Exato." Ouvi-me usando sua expressão.

Alice olhou para mim e percebi que ela estava contendo as lágrimas. "Meu pai me deixou e nunca mais voltou. Quanto mais a minha raiva aumentava, mais ele se afastava, até que desistiu de mim. Ele parou de me ligar. Só me enviava um presente de aniversário uma vez por ano com um cartão que dizia 'Feliz Aniversário, minha menina. Vou te amar para sempre.' Achei que ele escrevia isso porque era a obrigação dele e que, lá no fundo, ele não se importava de verdade. Ele tinha uma nova vida com a mulher pela qual ele havia nos deixado, novos filhos e uma nova casa. Não sei por que estou chorando. Eu nem ligava para ele."

Alice começou a soluçar. Ela chorou pelo pai que havia perdido há anos e pela garotinha que acreditava que sua mãe triste era a única que podia amá-la. Ela lamentou sua incapacidade de engravidar e de dar à luz. Alice temia que não seria capaz de amar sua recém-nascida, e percebemos que ela mesma se sentia como uma garota que não podia ser amada.

"E se ela não souber que sou a mãe dela?" Ela enxugou suas lágrimas. "E se *ela* não *me* amar?"

Havia muita dor enterrada nela, tristeza que estava acostumada a ocultar com irritação e raiva. Ela não queria que ninguém soubesse que, assim como sua mãe, ela estava secretamente de luto. Ela não queria que sua filha experimentasse sua dor, assim como ela carregava a dor da sua mãe. Ela sabia como isso é difícil e tinha medo que sua filha tivesse que viver esse legado.

"Contei a Art sobre nossa sessão", disse Alice quando entrou no meu consultório na semana seguinte. "Tivemos uma longa conversa sobre amamentação e hormônios. Foi como se eu tivesse outra sessão com ele após minha sessão com você." Ela acrescentou com um sorriso: "Vitória! Tomamos nossa decisão."

Alice tirou uma garrafa de água da bolsa e a colocou sobre a mesa. "Dá para perceber o quão ansiosa estou?", perguntou ela. "Quero que tudo esteja no lugar antes da bebê nascer. E tomei a decisão de que não vou tomar hormônios. Uma coisa que já foi riscada da minha lista, o que é um alívio. Obrigada."

"Me fale mais", pedi. "Como você tomou essa decisão?"

"De repente, essa decisão deixou de ser difícil. Eu disse a Art que havia percebido que meu desejo de amamentar se baseava no medo de que não poderia amar a bebê sem esses hormônios. Eu disse a ele como era irritante para mim perceber que estava duvidando de mim mesma como mulher, e que, sob a superfície, tudo isso tinha a ver com meus sentimentos de que meu pai não me amou. Art conhece toda a história, e muita coisa mudou entre meu pai e eu desde que o conheci. Acho que ele me ajudou a ver meu pai como uma pessoa por inteiro. Você vai gostar disso", disse ela, brincando. "Acho que me apaixonei por Art quando percebi o quanto ele teve medo de perder sua filha, Lili, no seu divórcio. Esse não é um bom elo psicológico?", perguntou-me ela, com um sorriso. "Ele foi o pai que nunca tive, e traí minha mãe pela primeira vez quando me apaixonei por ele", concluiu ela. Pedi-lhe que me explicasse melhor.

"É como se minha mãe e eu tivéssemos um contrato secreto de que *nós duas* éramos a família. Até quando me casei pela primeira vez, meu casamento foi parecido com o dela — não um grande amor, mas o que ela achava que uma mulher deveria fazer. Eu me casei, mas ainda pertencia a ela. Nós concordamos que, se eu tivesse um filho, moraria perto dela, e ela me ajudaria a criá-lo. Era como se ela fosse minha parceira. Mas, então, conheci Art, e isso foi uma traição dupla." Alice me encarou para ver se eu conseguia entender.

"Uma traição porque você realmente se apaixonou por ele e ele se tornou seu parceiro em vez dela", concluí. "Mas o que mais? Por que 'dupla'?"

Alice fechou os olhos, e falou sem olhar para mim.

"Quando conheci Art, ele ainda era casado. É por isso. Eu havia acabado de me divorciar e Art já tinha deixado seu casamento, mas ainda não estava legalmente divorciado. Uma coisa da qual eu tinha certeza era que eu nunca, jamais, me envolveria com um homem casado. Era contra tudo o que eu acreditava; é errado, como princípio. Então, tentei ficar longe dele. Mas era difícil. Nós trabalhávamos na mesma empresa e, a certa altura, fomos designados para trabalhar no mesmo projeto. Precisávamos conversar todos os dias e acabamos ficando horas no telefone. Nossas conversas foram ficando cada vez mais íntimas. Art me falou sobre sua separação e o quão difícil isso foi para ele. Ele tinha Lili, com 5 anos na época, exatamente a mesma idade que eu tinha quando meu pai foi embora, e ele falava sobre como foi difícil para ele não passar suas noites com ela. Eu lhe contei sobre meu pai e como ele havia nos traído e nos deixado por outra família. Ele foi a primeira pessoa com quem compartilhei todos os detalhes. Eu até contei para ele sobre a cerimônia que a minha mãe conduziu."

"Cerimônia?", perguntei.

Alice arregalou os olhos e me encarou. "É mesmo. Eu esqueci que não havia te falado sobre isso. É uma história esquisita. Eu estava na primeira série e meu pai já tinha ido embora, mas eles ainda não haviam se divorciado. Certo domingo à noite, minha mãe me levou até o escritório dele. Eu já havia ido lá muitas vezes antes com o meu pai, mas aquela noite foi diferente. Ela abriu a porta com a chave que ainda tinha desde quando eles estavam juntos. O escritório dele estava exatamente do jeito que eu me lembrava. Meu pai é contador, e o escritório dele ficava no segundo andar de um prédio na cidade, cerca de uma hora de onde morávamos."

Alice voltou a fechar os olhos e continuou falando.

"Minha mãe precisava de uma cerimônia para se despedir. Ela me explicou que precisávamos seguir adiante com nossas vidas e que, para fazer isso, precisávamos de um ritual de cura que nos permitiria deixar tudo para trás. Ela não chorou, mas lembro que parecia muito triste. Quando entramos no escritório, minha mãe parou bem na frente da escrivaninha dele. Ela disse em voz alta que lhe desejava o melhor na sua nova vida e, então, tirou sua aliança e colocou na escrivaninha. Ela pegou as fotos da nossa família e as colocou dentro da bolsa. Então, de dentro dessa bolsa, ela tirou uma pequena escultura de um pássaro que ficava na nossa sala de estar. Era um presente que ele havia lhe dado antes de se casarem. Ela a colocou em uma prateleira do lado da escrivaninha. Na sua cadeira, ela deixou o álbum de casamento deles e alguns dos álbuns em que ele colecionava selos, os quais ele havia se esquecido de levar.

"Antes de irmos embora, minha mãe disse que precisava fazer mais uma coisa. Ela parou em um canto, segurando alguns cartões com coisas escritas, e reconheci a letra dele. Acho que eram os cartões de aniversário ou de bodas que ele lhe havia dado durante todos esses anos. Ela sussurrou algumas coisas que não consegui ouvir e os espalhou no chão.

"Quando voltamos para o carro, minha mãe me perguntou como eu estava me sentindo. Ela disse que éramos livres agora e que essa cerimônia de cura já estava fazendo com que ela se sentisse muito melhor. Eu me lembro de dizer que ela me ajudou a me sentir melhor também, mas era mentira. Não consegui dormir naquela noite. Eu chorei, mas não sabia por quê.

"Art foi a primeira pessoa a quem contei essa história. Me lembro do seu silêncio no telefone. Então percebi que ele estava chorando. Perguntei por que ele estava tão emotivo. Ele disse que não sabia se era simplesmente porque essa era uma história muito triste ou porque ele havia se identificado muito com meu pai e sentiu sua tristeza de me perder. Me senti tocada por essa resposta e por ele ter sido bondoso e ouvido minha história evitando misturá-la com a sua própria. Senti que ele havia sido a primeira pessoa que levou meus sentimentos em conta."

A voz de Alice se tornou mais meiga ao prosseguir. "Também foi a primeira vez que pensei que talvez meu pai *estivesse* triste. Que talvez ele tivesse perdido alguma coisa também. Sei que parece estranho, mas, honestamente, nunca pensei em como ele se sentiu quando eu não quis mais vê-lo. Nunca pensei em como ele se sentiu quando entrou no seu escritório naquela manhã de segunda. Não havia me ocorrido que talvez minha mãe tivesse feito aquilo para feri-lo e não apenas para se curar. Até quando digo isso agora, parece errado. Acho que ela não teve más intenções."

Ouvi como, pelos olhos de Art, a visão de Alice sobre seu pai havia ganhado mais nuance. Ela pôde começar a enxergar seu pai e sua mãe como seres humanos complexos que lutavam para sobreviver.

"Cerca de um mês depois dessas conversas noturnas com Art, quando estávamos conversando sobre praticamente tudo, concordei em me encontrar com ele fora do escritório. E foi isso." Alice pausou. "Passamos aquela noite juntos e sabíamos que passaríamos todas as noites do resto das nossas vidas juntos. Um mês depois, tentamos engravidar."

"E você sentiu como se estivesse traindo sua mãe", disse eu.

"Ah, sim", respondeu ela. "Obviamente, eu contei para a minha mãe logo em seguida e ela ficou feliz por mim, mas eu sabia que havia cruzado uma linha secreta. Eu tinha medo de lhe contar que ele não havia se divorciado legalmente ainda. Também tinha medo de que ela visse isso como uma tentativa de me aproximar do meu pai e começasse a imaginar que eu o perdoaria e a deixaria. Então fui contando a ela aos poucos.

"De início, ela apenas escutava, como sempre fez. Ela sempre foi uma boa ouvinte. Então, ela perguntou: 'Ele é um bom homem, Alice?' Fiquei desconfortável com essa pergunta porque eu sabia o que ela realmente queria dizer. Sabia que ela estava pensando no meu pai. Mas ela não queria me desanimar. Ela apenas continuou perguntando se ele era um bom homem.

"'Por que você continua perguntando isso, mãe? É claro que é', respondi, e ela percebeu que eu havia ficado irritada.

"'Eu te amo mais do que tudo', ela disse. 'Quero que você esteja com um bom homem. Quero que seja feliz. Um dia, você vai ter uma filha e vai entender isso.'"

Alice me encarou. "Para dizer a verdade", continuou ela, "aquilo me desanimou. Fiquei preocupada. Senti sua dúvida e pensei que talvez ela tivesse visto alguma coisa em Art que eu não havia visto. Quando estava com ele, me sentia totalmente segura, mas, quando estava com ela, sentia como ela suspeitava dele, e isso me fazia duvidar da minha própria capacidade de julgamento".

Perguntei-me em voz alta se o medo de perder Alice era o que fazia sua mãe ficar tão preocupada.

Alice pareceu intrigada. "Sabe o que Art gosta de dizer? Que é impossível se separar da minha mãe. Para ele, a coisa mais fascinante foi a escolha do meu pai de estabelecer outra família escondido da minha mãe em vez de deixá-la quando não estava feliz. Meu pai só foi embora quando minha mãe descobriu e ele não teve escolha. Digo, não me entenda mal. É preciso ser um verdadeiro cretino para fazer uma coisa tão imoral, mas Art ficou fascinado com essa escolha. Ele disse que, para alguém que não era um psicopata, deve ter sido muito mais difícil mentir assim e viver uma vida dupla do que ir embora. E, pode acreditar, foi muito difícil para Art deixar sua família, então não é como se ele estivesse dizendo que alguma parte disso foi fácil.

"Vejo as coisas de modo diferente agora. Entendi que meu pai não conseguiu deixá-la porque não podia suportar a ideia de feri-la. Isso faz sentido? Tenho certeza que ele nem sequer conseguia lhe dizer o quão infeliz estava no casamento porque ela acharia isso terrível. Não a estou culpando, mas tenho certeza que ele sabia que me perderia se a deixasse, e ele tinha razão. Ele foi um covarde e ela o controlava com sua tristeza, da mesma forma que acho que ela controlou a todos nós."

Percebi que Alice precisava encontrar uma maneira de aceitar tanto sua mãe como seu pai, com todas as suas imperfeições e falhas, para que pudesse aceitar a si mesma com suas limitações humanas. Ela precisava se tornar sua própria pessoa, ser livre para escolher, ao contrário da filha que estava presa no mundo dos seus pais.

Às vezes, hesitei, perguntando-me se entender seu pai significava, na verdade, obedecer à estrutura normativa e não uma forma de liberdade. Haveria real liberdade em aceitar seus pais, em perdoar seu pai? Ou essa seria apenas uma maneira de se conformar à ordem patriarcal na qual os homens sistematicamente obtêm mais poder e, devido a isso, os pais não recebem um julgamento tão duro quanto as mães? Ponderei essas perguntas ao passo que via Alice lutando para se libertar dessa identificação binária, na qual ela tinha de ser como sua mãe ou como seu pai e só podia ser leal a um deles. Sei como era difícil para ela e como isso fazia com que continuasse a ser uma garotinha, sem real poder para escolher ou crescer.

Alice pegou a garrafa de água e a colocou de volta na bolsa. "Fazer terapia é cansativo, sabia?" Ela sorriu. "Eu não sabia que tinha tanto para falar. Você tem outros pacientes como eu, que falam e falam e não deixam você dizer nada?"

Sorri. Eu gostava de Alice e sabia como era difícil para ela falar sobre sua infância e questionar suas narrativas como estava fazendo.

"Me sinto mais forte", afirmou ela, e concordei com a cabeça.

"É como se estivesse dando à luz a mim mesma", disse ela, com orgulho. "E como se você fosse minha parteira."

Quando abri a porta na semana seguinte, mal pude reconhecer Alice. Levei um minuto para perceber que aquele era o cabelo dela. Estava curtinho.

"O que acha? Gostou?" Ela parecia animada. "Outro dia, eu me perguntei o que queria mudar antes da minha bebê nascer. Por falar nisso, decidimos que o nome dela será Zoe, que significa 'vida'."

Alice parecia um pouco mais velha. Pensei na sua decisão de dar o nome de Zoe à sua filha e de cortar o cabelo, o que ela mencionou tudo de uma só vez. Lembrei-me das nossas conversas sobre o cabelo: as longas tranças da sua mãe, que pareciam inapropriadas para a sua idade; o cabelo longo e encaracolado de Alice, que era difícil de escovar; e o ressentimento de sua mãe em relação à escovação.

Zoe nasceria em breve. Alice se tornaria mãe e não parecia mais como a mãe dela. Cortar o cabelo era uma forma simbólica de cortar o cordão umbilical, de se separar antes de se tornar sua mãe e, por fazer isso, permitir que sua filha tivesse a própria vida, livre do legado do trauma.

Antes de eu ter a oportunidade de compartilhar esses pensamentos, ela já estava virando para mim e dizendo: "Pensei sobre uma coisa nesse fim de semana. Me diga o que acha. Estou pensando em aceitar a oferta do meu pai de pagar pela barriga de aluguel."

"Me fale sobre isso", pedi-lhe, pensando no novo corte de cabelo e nesse acontecimento. Alice estava se esforçando para reorganizar a estrutura da sua família. Estava tentando transformar sua família composta apenas por mãe e filha em uma família de vários membros. Sei que isso também era encenado no seu processo comigo, no qual Alice simbolicamente se certificava de que havia uma terceira pessoa conosco em nossas sessões. Primeiro, era a sua mãe, a quem ela constantemente analisava. Depois, foi Art, com quem ela compartilhava nossas sessões.

Inconscientemente, Alice estava tentando evitar a experiência diádica que a maioria das pessoas busca na terapia, na qual o paciente e o terapeuta se transformam em um casal terapêutico íntimo, em um processo particular e secreto. Antes, Alice sempre precisou criar um triângulo que, de início, incluía a mãe dela e eu e, depois, passou a incluir Art e eu. Ela precisava criar uma estrutura na qual não precisasse ser leal a apenas um dos pais. Essa dinâmica revivia a família original que havia perdido quando era criança, mas também era um ensaio para a família que estava a ponto de ter.

"Art e eu tivemos uma pequena briga nesse fim de semana", disse ela, percebendo que essa era a primeira vez que a ouvi dizer que houve algum conflito entre eles. "Acho que já te disse, há um bom tempo, quando conversei com meu pai sobre nossa infertilidade, a FIV e tudo o mais, ele se ofereceu para pagar parte das contas. Fiquei chocada e disse 'não' de imediato. Fiquei preocupada de que ele estivesse querendo me comprar e não quis que ele me controlasse. Assim, mesmo não tendo dinheiro, escolhemos tomar um empréstimo do banco. Mas meu pai não desistiu. Ele continuou dizendo que queria fazer parte desse processo. Eu lhe disse que precisava pensar nisso, mas nunca voltei a falar com ele a respeito.

"Como na sua infância", disse eu, interrompendo-a, e ela concordou com a cabeça.

"Nesse fim de semana, Art e eu conversamos sobre a minha infância. Contei a ele que, na terapia, percebi que sempre rejeitei as tentativas do meu pai de se aproximar de mim. Eu não confiava nele. Disse a

Art que via as coisas um pouco diferente agora. Ele entendeu o que eu queria dizer, mas disse que eu ainda não permitia meu pai entrar na minha vida e que, quando ele tentava me dar alguma coisa, eu rejeitava."

Alice sorriu. "Sabia que o Art fala como um pai às vezes? Ele é inteligente nesse sentido."

Ouvi sua ligeira ambivalência quanto à posição parental de Art, sorri e concordei com a cabeça.

Alice riu. "Eu sei", prosseguiu ela. "Ele pode ser irritante, assim como os pais são às vezes. Ele argumentou que os pais se sentem bem por poderem dar algo aos seus filhos, algo de que eles precisam, e que isso nem sempre tem a ver com jogos de poder, como eu costumo interpretar. Ele disse que o apoio financeiro é uma maneira de os pais expressarem seu amor. Ele falou sobre os idiomas do amor e como cada pessoa tem sua própria maneira de mostrar amor: alguns por palavras e outros por ações, e que nenhum deles é melhor do que o outro.

"Comecei a erguer a voz e disse que as ações do meu pai não eram algo do qual ele deveria se orgulhar. Ele traiu minha mãe como uma forma de expressar sua infelicidade, o que eu não respeito. Eu disse que teria preferido que ele expressasse seus sentimentos em palavras e não em ações. Art respondeu que eu estava totalmente errada e que, na verdade, é o ato de amor que conta, não só as palavras ou o sentimento. Ele argumentou que as pessoas são verdadeiras quando suas palavras e suas ações estão em sincronia, e que o ato de traição do meu pai foi terrível porque suas palavras e ações contradiziam uma à outra. Mas isso não queria dizer que ele não podia tentar consertar tudo por meio de um ato de amor. Art acha que o meu pai está tentando me dar dinheiro para me dizer que quer compensar tudo que fez de errado, para encontrar uma maneira de ser um pai para mim e um avô para a nossa filha, e que a minha rejeição é uma forma de controlá-lo, e não o contrário.

"Honestamente, eu nunca pensei sobre isso dessa forma. Nunca pensei que, por me recusar a aceitar dinheiro do meu pai, podia controlá-lo e me certificar de que ele não se aproximasse muito de mim. Isso me lembrou de algo que você disse sobre como o dinheiro e o sexo são áreas em que as pessoas são mais desonestas e hipócritas. Digo, meu pai apoiou minha mãe e eu financeiramente todos esses anos. Eu nunca o agradeci, embora soubesse que ele não era rico e que, portanto, precisou fazer alguns sacrifícios. Eu não o agradeci pelos presentes que me enviou, pelos acampamentos de verão ou pelas mensalidades da faculdade que ele pagou, nem pela grande viagem que fiz depois que me formei. Eu não queria sentir que precisava dele ou fazer com que ele tivesse poder sobre nós. Senti que ele tinha a obrigação de pagar. A verdade é que, às vezes, sentia que estava lhe fazendo um favor por permitir que ele me desse dinheiro, como se fosse algo que eu estivesse dando a ele, e não ao contrário. Agora quero fazer as coisas de modo diferente, poder lhe dar algo ao aceitar o dinheiro e sentir gratidão pelo que ele me der. O que acha, Galit? Faz sentido aceitar sua oferta?"

Pensei na traição da sua mãe, perguntando-me se Alice sabia que era seu conflito de lealdade que a estava impedindo de agradecer seu pai pelas coisas que ele lhe dava. Se ela se permitisse saber que sentia falta do seu pai, que precisava dele, poderia partir o coração da sua mãe novamente. Ela precisava esquecer seu pai. Agora ela estava me pedindo permissão para deixá-lo entrar e perdoá-lo.

O crescimento emocional de Alice era tão rápido quanto o seu discurso. Pude testemunhar sua imagem se enchendo de nuances, ao passo que ela acrescentava mais cores ao que, antes, era uma visão em preto e branco que dividia seus pais. Agora, ela podia enxergar a ambos como seres humanos que estavam lutando para serem felizes. Ela podia reconhecer as diferentes maneiras em que ambos a usaram no seu divórcio, tratando-a como um valioso ativo que não estavam dispostos a compartilhar.

Pude perceber o amor que Alice tinha por eles e a sua dor de não poder recomeçar, de querer curar seus pais, de reuni-los e viver sua infância novamente.

Era hora de ficar de luto, de cuidar das suas próprias feridas e de libertar seu futuro.

"Quero me permitir ser a filha do meu pai", resolveu Alice.

Entendi o que ela queria dizer. Ela não queria acabar invejando sua filha por ter o pai que ela nunca teve. Ela não queria repetir sua história.

Diferentemente da fantasia em que nossa vida começa ou termina quando nasce um bebê, a vida e o processo de examiná-la são constantes. Existem muitas camadas que Alice precisará remover e explorar à medida que se aproxima da sua verdade emocional. Ela reviverá sua infância a cada etapa da vida da sua filha. Ela vai precisar ficar com raiva dos seus pais e perdoá-los novamente. Ela vai fazer o seu melhor, assim como sua mãe fez, e vai perceber que o seu melhor nem sempre será o suficiente. Ela cometerá erros e se questionará, supercompensando-se pelos erros dos seus pais e repetindo-os. Ela sentirá gratidão pelo que eles lhe deram, sabendo que tinham uma capacidade limitada de conhecerem a si mesmos e de lidarem com seus passados traumáticos, e que ela precisou fazer parte desse esforço por eles.

Alice nunca se esquecerá da dolorosa, porém feliz, jornada de dar vida a Zoe. Ela e eu vamos continuar procurando suas verdades; ela vai tentar ser dona do seu passado e questionar o que ainda não sabe sobre si mesma e sobre a vida.

No fim, entendemos que acabamos vivendo as vidas não examinadas de outros.

UMA PORTA SE ABRE

A HABILIDADE DE amar, de investir na vida, de criar e de realizar nossos sonhos é um diálogo constante com a nossa capacidade de buscar verdades emocionais, de tolerar a dor e de ficar de luto.

Embora nossas jornadas rumo à cura variem, todas elas começam com a decisão de buscar, de abrir a porta e de, em vez de fugir da dor do passado, andar em direção a ela. Escolhemos examinar nossa herança emocional, ser agentes ativos em transformar o que foi decidido por outros em nosso próprio destino.

Os segredos de outros se tornam nossos próprios enigmas, e nossos segredos inevitavelmente encontrarão abrigo e se esconderão nas mentes de outros. Quanto mais ocultos esses segredos são, mais nos tornamos estranhos para nós mesmos, mantidos em cativeiro, temendo a liberdade de conhecermos e de sermos conhecidos. Os fantasmas do passado estão vivos no nosso subconsciente. Até certo ponto, todos nós somos guardiões do indizível.

As cicatrizes do nosso trauma herdado assumem formas próprias. Nossa percepção, assim como o trabalho de um detetive, segue os rastros que esses fantasmas deixam nas nossas mentes. Essa percepção ilumina aos poucos como o passado afeta e controla quem somos hoje. De maneiras que podem, às vezes, parecer misteriosas, o material emocional não processado tende a surgir e a ressurgir nas nossas vidas. A vida não examinada se repete e reverbera através das gerações. As histórias não contadas estão pedindo para serem reencenadas — elas insistem em serem contadas. Aquilo que não pode ser identificado de modo consciente se insere na nossa realidade e é repetido novamente. São esses padrões agora vistos que devemos buscar e examinar.

Vez após vez, o subconsciente humano nos leva até o local original onde as coisas deram errado com o desejo de repetir tudo de novo, reparar os danos e curar aqueles que foram feridos. Identificamo-nos com as gerações anteriores — com aqueles que foram feridos, humilhados e que morreram. Nas nossas fantasias, a cura deles significará a nossa própria cura. Queremos ser libertados dos nossos laços com um passado doloroso e da culpa de viver e ter uma vida melhor do que as pessoas que vieram antes de nós.

Entretanto, esse desejo inconsciente de curar nossos antepassados muitas vezes nos impede de ficar de luto por tudo aquilo que não podemos consertar, salvar ou recomeçar: nossa própria infância, as feridas dos nossos pais e o trauma dos nossos avós. O processo de luto e de lidar com a dor que nossos pais não conseguiram suportar é justamente o que pavimentará o caminho para deixarmos de nos identificar com aqueles que sofreram. Ficar de luto nos ajuda a diferenciar o passado do presente e separa aqueles que morreram dos que permaneceram vivos. Ficamos de luto pelo que estava fora de controle e, portanto, ficamos de luto pela nossa falta de onipotência, pelo fato de que, na verdade, não somos tão poderosos como pensávamos. Essa verdade emocional — nossa mortalidade, nossa vulnerabilidade inerente e nossas limitações humanas — nos ajuda a permanecer humildes e nos permite explorar quem realmente somos, aceitar futuras possibilidades e criar a geração seguinte com dignidade.

A quebra do ciclo intergeracional de sofrimento é expresso na citação de Jeremias com a qual iniciei este livro — o desejo de que, no futuro, "não se dirá mais: 'Os pais comeram uvas verdes, e os dentes dos filhos se mancharam'" (31:29). Ela expressa o desejo de que os filhos não precisem carregar as consequências das vidas dos seus pais e que possamos lidar com a nossa herança emocional e alterá-la.

Durante anos, aceitamos a herança genética como um fato. Os biólogos acreditavam que os fatores ambientais tinham pouco ou nenhum efeito sobre o nosso DNA e que, consequentemente, o crescimento psicológico não tinha nada a ver com o nosso legado genético. Hoje em dia, o campo da epigenética nos apresenta outra estrutura para entender como a natureza e a criação estão interligadas e como respondemos ao nosso ambiente a nível molecular. Ele enfatiza que os genes têm uma "memória" que podemos transmitir de geração em geração.

As implicações dessa nova pesquisa são bidirecionais: percebemos que o trauma pode ser transmitido à geração seguinte, mas que o trabalho psicológico pode alterar e modificar os efeitos biológicos do trauma. Stephen Stahl, professor de psiquiatria da Universidade da Califórnia, em São Diego, diz que a psicoterapia pode ser vista como um "remédio epigenético", visto que ela altera os circuitos do cérebro assim como os remédios, ou complementando-os. Nosso trauma se baseia na nossa compreensão de que nosso trabalho emocional tem um profundo efeito em quem nós, nossos filhos e nossos netos seremos. O trauma é transmitido pelas nossas mentes e nossos corpos; o mesmo, porém, podemos dizer sobre a resiliência e a cura.

As gerações seguintes levarão não apenas o desespero do passado, mas também a esperança, porque sua mera existência é evidência de que sua família sobreviveu e que é possível ter um futuro. Reviver a dor dos nossos antepassados nos permite utilizar seu passado traumático para imaginar um possível futuro, uma trajetória do caos para a ordem, da impotência à ação e da destruição para a recriação. Nesse sentido, nosso trabalho é uma forma de processar e nos recordar da libertação passada e também de olhar em frente para uma futura redenção.

Quando aprendermos a identificar a herança emocional que vive dentro de nós, as coisas começarão a fazer sentido e nossas vidas começarão a mudar. Aos poucos, uma porta se abrirá, um portal entre a vida presente e o trauma passado. No nosso trajeto em direção à cura, o que parecia impossível, se torna tangível, a dor diminui e um novo caminho surge — o do amor.

SOBRE A AUTORA

Galit Atlas é psicanalista e supervisora clínica de uma clínica particular de Nova York. Ela é professora no programa de pós-doutorado da Universidade de Nova York em Psicoterapia e Psicanálise. Ela também faz parte do corpo docente do Programa de Treinamento Nacional e do Programa de Treinamento de Quatro Anos para Adultos do Instituto Nacional de Psicoterapia da Cidade de Nova York. A Dra. Atlas publicou três livros para terapeutas e vários artigos e capítulos de livros que abordam especialmente o gênero e a sexualidade. Seu artigo do *New York Times*, "Um Conto de Dois Gêmeos", venceu o Prêmio Gradiva de 2016. Líder no campo de psicanálise relacional, a Dra. Atlas ganhou o Prêmio de Pesquisa André François e o Prêmio de Pesquisa NADTA. Ela dá aulas e palestras em todo o território dos Estados Unidos e internacionalmente.

ÍNDICE

A
Abuso sexual, 44
    aspecto intergeracional do, 44
    efeitos sobre a geração seguinte, 67–68
    na infância, 56
Aflição emocional, 95
Alice, paciente, 227–258
    mãe, 230–238, 246–252
    pai, 227, 232–235, 243–244, 245, 254–256
Alterações epigenéticas, 9
André Green, 38
Anna Freud, 137, 219
Ansiedade inconsciente, 136
Apatia emocional, 18
Apegos infantis, 127
Autodestruição, 79

B
Beatrice Beebe, 44, 138
Ben, paciente, 147–158, 162–172
    imigração da família, 153–154
    pai, 149, 167–169
    trauma, 169–170

C
Catexia, 73
Ciclo
    do trauma intergeracional, 183
    intergeracional de sofrimento, 261
Colapso emocional, 130
Conflitos intergeracionais, 220
Confusão de línguas, 45–46
Cultura heterossexual, 162

D
Dana, paciente, 174–181
    pais, 177
Daniel N. Stern, 137
Desejos
    conflitantes, 90–91
    de reparação, 39, 156
    destrutivos, 23
    sexuais, 39
Dinâmica masculino/feminino, 161
Donald Winnicott, 130
Dor
    constante, 72
    psicológica, 235

E
Edward Z. Tronick, 139
Enigma do luto, 72
Epigenética, 1, 8, 261
Eros, 24, 40
Espaço de vulnerabilidade mútua, 198
Estado dissociativo, 199
Esther Perel, 26
Eve, paciente, 17–23, 26–40
    caso, 19–23, 27–29
        motivos, 32–34, 35, 39–40
    infância, 31–32
    relação entre mãe e avó, 33–35
Evitar a dor, 95
Excitação
    existencial, 25
    sexual, 26

Experiência
  emocional, 51
  traumática, 56

F
Fantasmas, 15, 174
  da perseguição, 89
  do abuso sexual, 11
  do passado, 9, 220, 259
Forças
  criativas, 23
  destrutivas, 23

G
Galit Altlas, 53-55, 179-181, 263
  abuso, 54-55
  exército, 145-147, 159-162
  Holocausto, 94
  imigração da família, 152-153
  mãe, 174-176, 179-181
Gênero binário, 243
Guy, paciente, 203-226
  irmão, 223-224
  pai, 217-219, 223-224

H
Herança intergeracional, 68
Hipervigilância, 214
Honestidade emocional, 198

I
Idealização, 191-192
Identificação
  binária, 252
  com o agressor, 219-221
Impulsos agressivos, 212

Infidelidade
  a complexidade da, 26
  motivos da, 24
Insegurança emocional, 240
Invasão psicológica, 104
Investigação psicanalítica, 26
Irvin Yalom, 29

J
Jeffrey F. Cohn, 139
Jon, paciente, 119-137, 140-142
  colapso nervoso, 134-136
  mãe, 119-121, 126-128, 136, 141-142
Judith Alpert, 67
Judith Butler, 83

L
Lara, paciente, 43-51, 52-53, 56-69
  avó, 48-50, 59-60, 62-69
Legados familiares, 91
Lembranças reprimidas, 66-67
Leonardo, paciente, 71-72, 75-84
  avô, 76-84
Língua
  da paixão, 45
  de afeto, 45
Ludwig Binswanger, 74
Luta emocional, 230
Luto, 83, 178, 199-200, 260-261
  melancólico, 75

M
Mãe morta, conceito, 38
Maria Torok, 15
Material emocional, 103

Mecanismo
    da repressão, 12
    de defesa emocional, 12
mito
    de família, 79
    familiares, 91
    românticos, 123
Mortes
    emocionais, 39, 72
        separações, 72
    simbólicas, 114

N

Nachträglichkeit [posteridade], 55
Naomi, paciente, 185–200
    Isabella, 185–197, 198–201
    mãe, 187, 190–193
Narrativa oculta, 125
Neutralidade psicoanalítica, 205
Nicolas Braham, 15
Noah, paciente, 111–115
    obsessão com a morte, 112–115
    pais, 113–115

P

Paciente identificado, 47
Paranoia, 208, 212
Percepção psicológica, 24
Perigo da intimidade, 184
Processo
    de autorreflexão, 31
    de luto, 56
    de perda, 179
    de separação, 75
Projeção, 211
Pulsão de morte, 73

Q

Quebra do ciclo do abuso, 220
Queda eterna, conceito, 130

R

Rachel, paciente, 89–90, 92–95, 97–108
    avô, 90, 99–102, 104, 107
    pesadelo, 97–98, 103
    terrores noturnos, 102–103
Radiação emocional, 104
Radioatividade do trauma, 11, 104–105
Raiva dissociada, 237
Realidade
    emocional, 29
    secreta, 116
Reconstituição do trauma, 96–97
Rejeição materna, 136
Reparação maníaca, 40
Repressão, 95
Responsável emocional, 236
Resposta parental, 140
Retração emocional, 126

S

Sándor Ferenczi, 45, 142
Segredos
    da infância, 124
    de família, 180
    intergeracionais, 15
    não pronunciados, 95
    reprimidos, 104
Sensibilidade sensorial, 214
Sigmund Freud, 7
Stephen A. Mitchell, 25
Stephen Stahl, 262
Suporte emocional, 130

T

Terrores noturnos, 103
Trauma
  de família, 118
  de infância, 184
  do Holocausto, 168
  efeito sobre descendentes, 8
  Galit Atlas, 3–6
    pais, 2–3
  herdado, 1, 260
  intergeracional, 11
    da imigração, 157
  reprimido, 16

V

Verdades
  desconhecidas, 24
  emocionais, 257, 259
Vulnerabilidades, 51
  emocionais, 45
  ocultas, 237

W

Wilfred Bion, 207

Y

Yolanda Gampel, 11, 104

Projetos corporativos e edições personalizadas
dentro da sua estratégia de negócio. Já pensou nisso?

Coordenação de Eventos
Viviane Paiva
viviane@altabooks.com.br

Assistente Comercial
Fillipe Amorim
vendas.corporativas@altabooks.com.br

A Alta Books tem criado experiências incríveis no meio corporativo. Com a crescente implementação da educação corporativa nas empresas, o livro entra como uma importante fonte de conhecimento. Com atendimento personalizado, conseguimos identificar as principais necessidades, e criar uma seleção de livros que podem ser utilizados de diversas maneiras, como por exemplo, para fortalecer relacionamento com suas equipes/ seus clientes. Você já utilizou o livro para alguma ação estratégica na sua empresa?

Entre em contato com nosso time para entender melhor as possibilidades de personalização e incentivo ao desenvolvimento pessoal e profissional.

PUBLIQUE SEU LIVRO

Publique seu livro com a Alta Books.
Para mais informações envie um e-mail para: autoria@altabooks.com.br

CONHEÇA OUTROS LIVROS DA **ALTA BOOKS**

Todas as imagens são meramente ilustrativas.

  /altabooks   /alta-books   /altabooks   /altabooks

Este livro foi impresso nas oficinas gráficas da Editora Vozes Ltda.,
Rua Frei Luís, 100 – Petrópolis, RJ.